eビジネス新書

No.421

週刊東洋経済

年金の新常識

週刊東洋経済 eビジネス新書 No.421

年金の新常識

本書は、東洋経済新報社刊『週刊東洋経済』2022年4月23日号より抜粋、加筆修正のうえ制作しています。情報は底本編集当時のものです。(標準読了時間 90分)

年金の新常識　目次

老後30年に備える

年金大改正の衝撃

【年金改正の5大ポイント】

①繰り下げ受給の年齢が70歳から75歳に延長
②パートなど短時間労働者は厚生年金の適用拡大
③在職老齢年金の減額基準が月47万円超に引き上げ
④働きながら年金をもらう人は年金が毎年増加
⑤iDeCoの加入は64歳、受給は75歳まで拡大

ガソリン代や食品代、電気代など値上げ一色に包まれた2022年、実は減額されたものがある。年金だ。

日本の公的年金は、主に自営業者向けの「国民年金（基礎年金）」と、会社員や公務員向けの「厚生年金」という、2階建ての構造で成り立っている。その国民年金は4月に満額で1人月額6万4816円、厚生年金（基礎年金含む）は夫婦2人の標準世帯で月額21万9593円へと、それぞれ改定された。

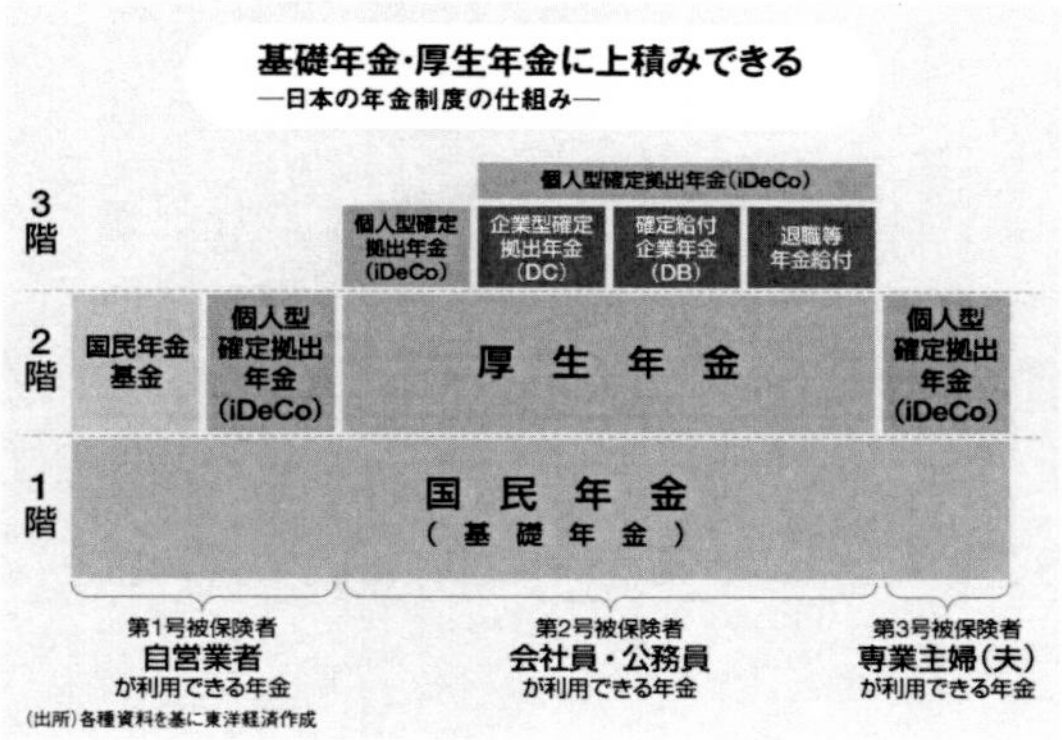
基礎年金・厚生年金に上積みできる
―日本の年金制度の仕組み―
3階
2階
1階
個人型確定拠出年金(iDeCo)
個人型確定拠出年金(iDeCo)
企業型確定拠出年金(DC)
確定給付企業年金(DB)
退職等年金給付
国民年金基金
個人型確定拠出年金(iDeCo)
厚生年金
個人型確定拠出年金(iDeCo)
国民年金(基礎年金)
第1号被保険者
自営業者
が利用できる年金
第2号被保険者
会社員・公務員
が利用できる年金
第3号被保険者
専業主婦(夫)
が利用できる年金
(出所)各種資料を基に東洋経済作成

ともに2022年度は前年度比0・4％減。6月に支払われる4月・5月分から引き下げられる。しかも21年度の0・1％減に続き2年連続減だ。やはり新型コロナウイルス禍で現役世代の賃金が減った影響が大きかった。

だが、高齢者にとってこれは、目先のちょっとした変化にすぎない。年金の仕組みが、多くの受給者からすると、実は歓迎される方向に向かっているからだ。

最長75歳から受給できる

22年度から公的年金が大きく変わった。法改正を経て、4月から順次施行される最大の目玉は、「受給開始年齢の繰り下げ延長」である。

通常、年金を受け取る年齢は、65歳を原則とする。ただし本人が希望すれば、60〜70歳の間で、もらう年齢を自由に選ぶことができた。それが今回の改正で、最長75歳まで延長されている。

本来もらう65歳から動かすとどうなるか。実は年金の受給を1カ月繰り下げる（遅らせる）ごとに、金額が0・7％増える仕組みになっている。1年間（12カ月間）繰り下げれば8・4％増だ。

改正で70歳開始は42%増、75歳開始は84%増！

―受給開始年齢に見る年金の増減額率―

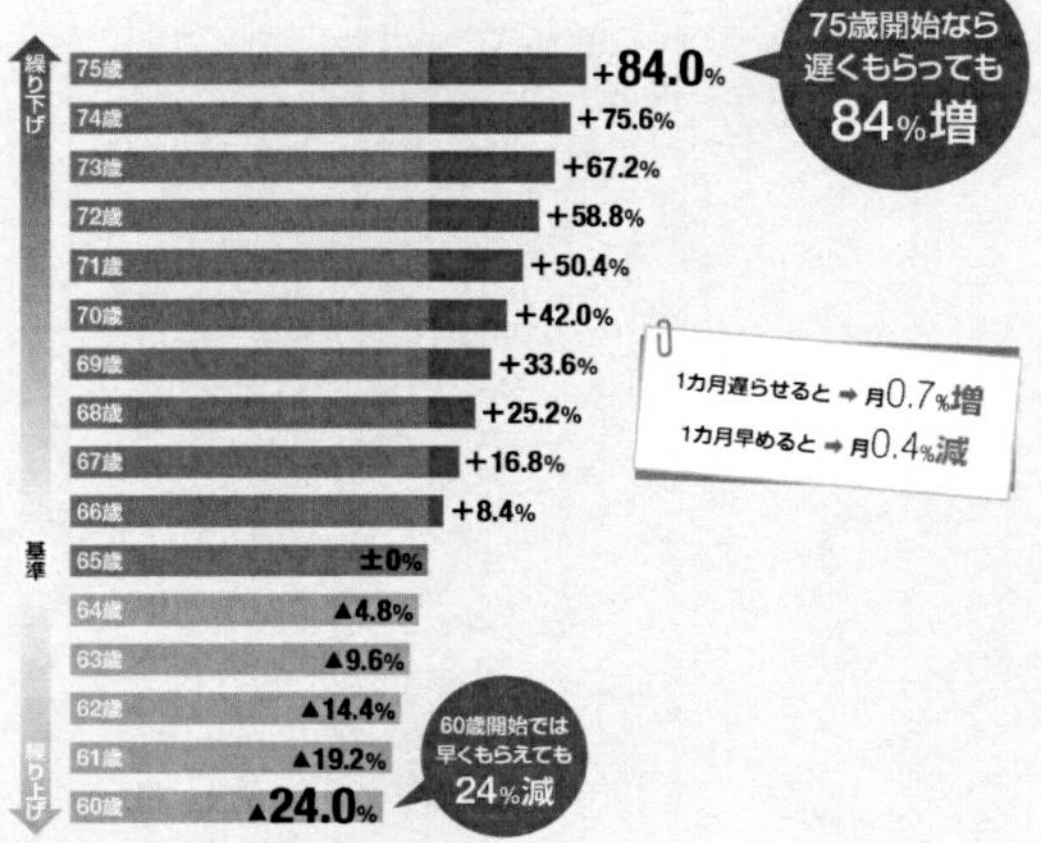

（注）2022年4月1日以降に60歳になる人（1962年4月2日生まれ以降）が対象。▲はマイナス
（出所）厚生労働省の資料を基に東洋経済作成

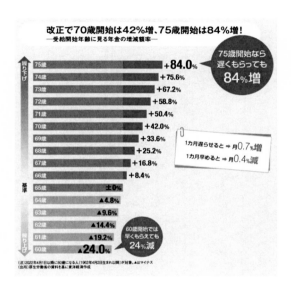

これを年齢別で追うと、65歳から5年間繰り下げて、70歳で受給を開始すれば42%増。10年間繰り下げ、75歳で受給を開始すれば、何と84%も増えるのだ。具体的には、65歳で老齢基礎年金をもらうと年間78万円だが、75歳だと年間143万円まで拡大する。歴史的な超低金利下の昨今、これを上回る運用手段はほかにあるまい。

反対に、受給を1カ月繰り上げる（早める）ごとに、金額は0・4%減る。5年間繰り上げて60歳で年金を受け取り始めれば24%減。この減額率も、改正前の1カ月0・5%減から、改正後に0・4%減へと縮小した経緯がある。

ただ、遅くもらって年金が増えるのが一方的にメリットばかりかといえば、そうとも言い切れない。19年度に繰り下げ受給を選んだ人は、国民年金で1・5%、厚生年金で0・9%にすぎなかった。

これには目下、老齢厚生年金の受給が65歳へと段階的に移行する途上にあり、60～64歳の受給者が繰り下げ受給を選択できない、という事情があるようだ。対象者全員が65歳に完全移行する、25年度以降になれば(男性の場合。女性は30年度以降)、繰り下げを選ぶ人は増えてこよう。

それよりもっと、「繰り上げか繰り下げか」の選択を悩ます、根本的な要因がある。寿命だ。たとえ増えた金額をもらっても、75歳で受給し、75歳1カ月で亡くなってしまっては、意味がない。終身でもらえる公的年金は、亡くなったときに初めて、生涯もらう年金総額が確定する。

残念ながら寿命は誰にもわからない。が、受給開始年齢別の損益分岐点は、計算できる。

受給開始からほぼ11年で追い抜ける
—繰り下げにおける受給開始年齢別の損益分岐点—

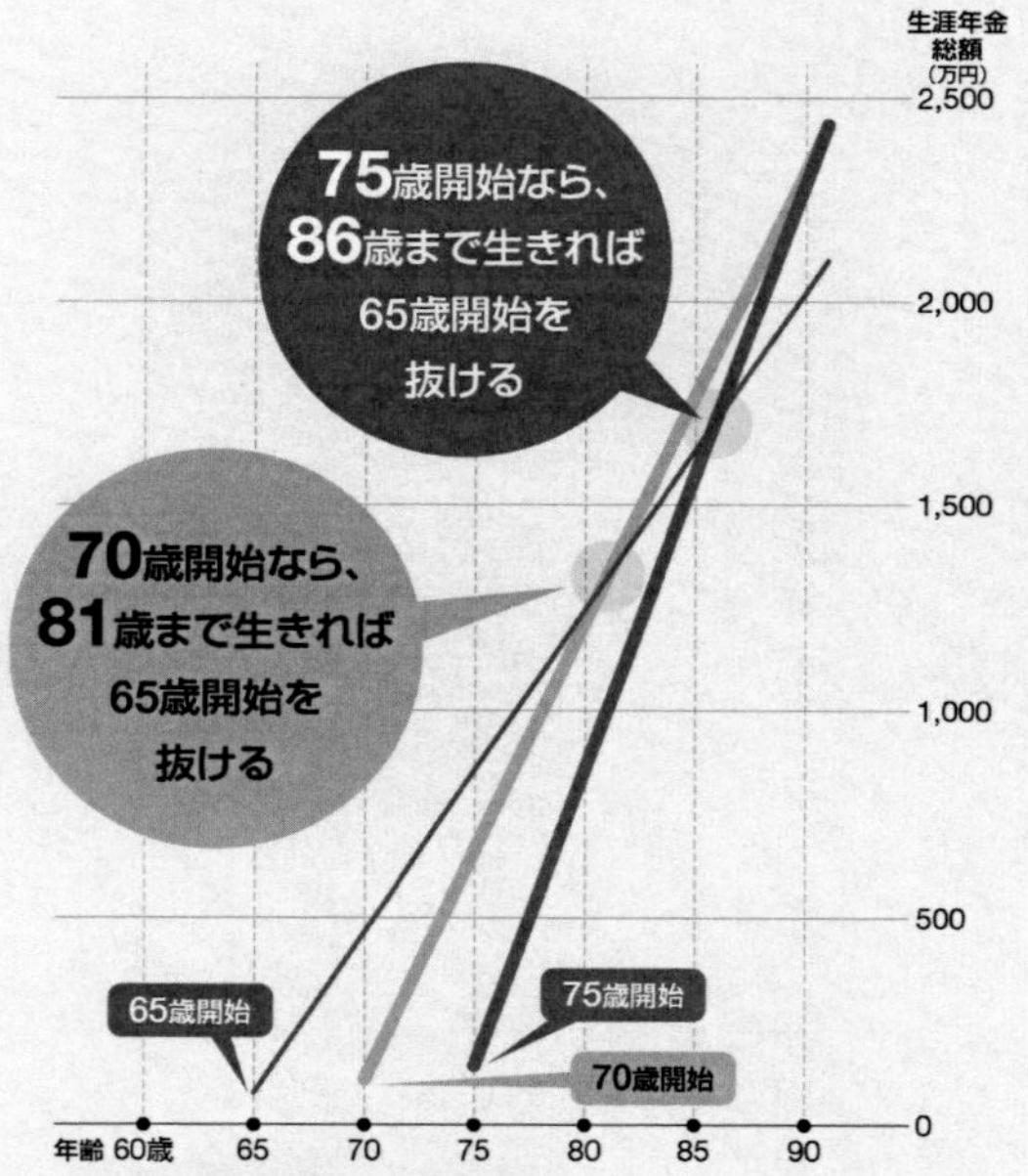

（注）受給開始から各年齢時点での生涯年金総額を比較した
（出所）井戸美枝氏のデータを基に東洋経済作成

受給後「11年超」が分岐点

例えば、生涯年金総額を比べると、70歳で受給を開始する場合、81歳まで生きて年金をもらい続ければ、65歳受給開始を総額で追い抜く。75歳で受給を開始する場合、86歳まで年金をもらえば、65歳開始を抜く。およそ11年超が損得の分かれ目と考えてよい。

2020年時点で、男性の平均寿命は81・64歳、女性は87・74歳。これは平均値であり、男性の死亡者数のピーク（中央値）は89歳、女性は92歳と、思いのほか遅いことがわかる。

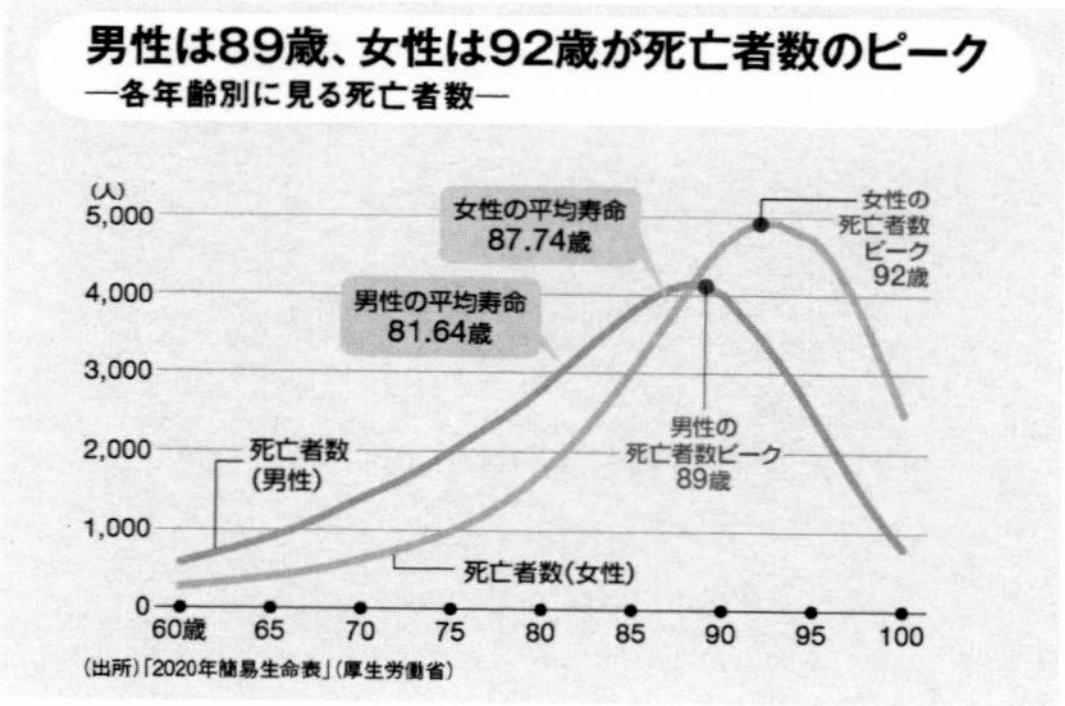
男性は89歳、女性は92歳が死亡者数のピーク
―各年齢別に見る死亡者数―
(人)
5,000
4,000
3,000
2,000
1,000
0
女性の平均寿命 87.74歳
男性の平均寿命 81.64歳
女性の死亡者数ピーク 92歳
男性の死亡者数ピーク 89歳
死亡者数(男性)
死亡者数(女性)
60歳
65
70
75
80
85
90
95
100
(出所)「2020年簡易生命表」(厚生労働省)

むろん寿命だけではない。60歳の定年退職で完全リタイアし、預貯金など蓄えもあまりなければ、当面の生活資金に充てるため、65歳より早く年金をもらいたい人もいるはず。逆に定年後も継続雇用などで働き続けたり、蓄えに余裕があったりすれば、65歳より遅く年金をもらいたい人もいる。

さらに後期高齢者になる75歳以降を考えると、医療や介護などで入り用な事態も生じてくる。

総じて言えるのは、資金に余力があり、長生きできる自信のある人は、年金の繰り下げを選んだほうが得、ということだろう。少子高齢化が止まらない以上、いずれ、年金の本来の支給が70歳になる日は近いかもしれない。

実際に長寿化を反映し、65歳以降も働き続け、収入の手段を確保する人は増えている。21年現在、65歳以上でも就業しているのは、4人に1人。嘱託などで継続雇用を続けるほか、定年延長や定年廃止をはじめ、企業も就業規則の改定に乗り出している。

年金の改正は働き方の改革とセットだ。国は年金の支給を後ろ倒しにするのに合わせて、企業に定年や就業機会確保を義務づける年齢を延ばしてきた。法制度をめぐる変遷を振り返る。

・1985年：全国民共通の基礎年金制度を創設
・1998年：60歳定年を義務化
・2001年：老齢厚生年金（定額部分）の支給を65歳に段階的移行（13年度完了）（注：女性は定額部分の移行が2006年度開始・18年度完了）
・2004年：マクロ経済スライド制を導入
・2007年：「消えた年金」問題が発生
・2010年：社会保険庁を廃止、日本年金機構を設立
・2013年：65歳までの雇用確保を義務化（希望者全員）
・2013年：老齢厚生年金（報酬比例部分）の支給を65歳に段階的移行（25年度完了）（注：女性は報酬比例部分の移行が18年度開始・30年度完了予定）
・2015年：公務員の共済年金を厚生年金に統合

・2021年：70歳までの就業確保を努力義務化
・2022年：老齢年金の繰り下げ支給を75歳まで延長

年金改正は受給の繰り上げ・繰り下げのほかにもある。

パートや嘱託などの短時間労働者がより厚生年金に加入しやすくなったり、働きながら年金をもらう在職老齢年金では年金をカットされる水準が緩和されたりと、全体的には働く高齢者に寄り添う内容になっている。

仮に世帯の年金を月20万円とするなら、定年後20年間で総額は4800万円、30年間では7200万円にも上る。この額は無視できない。長生きリスクに向き合わざるをえない今、年金で老後が豊かになるかどうかは、まさに自分次第なのだ。

（大野和幸）

年金は遅くもらえば増える

【改正①】受給年齢繰り上げ・繰り下げ

小泉事務所代表　特定社会保険労務士・小泉正典

２０２２年の年金改正で最大のポイントは、繰り下げ受給開始年齢の延長だ。「繰り下げ」受給とは、本来より遅れて年金を受け取ることを指す（一方、「繰り上げ」は早めて受け取ること）。

老齢年金（老齢基礎年金〈国民年金〉・老齢厚生年金）は現在、原則６５歳から受給を開始できる。６５歳よりも早く年金を受給したい場合、申請すれば、６０歳まで「繰り上げ」受給が可能だ。ただし繰り上げると、本来の６５歳受給より減額された額（１カ月ごとに０・４％減＝１年で４・８％減）で、支給されることになる。

逆に受給開始年齢になっても、まだ元気で意欲があれば、働いて収入を得ることができる。65歳よりも遅く年金を受給したい場合、申請すれば繰り下げ受給が可能。繰り下げると、本来の65歳受給より増額された額（1カ月ごとに0・7%増＝1年で8・4%増）をもって、支給される。

今回、この繰り下げの上限年齢が改正によって、70歳から75歳へと引き上げられた。つまり年金を受給し始めるのに、60歳から75歳の間で、個人が選択できるようになったというわけだ。

75歳開始なら84%増！

この増額効果は想像している以上に大きい。

現在、75歳に繰り下げて年金受給を開始すると、通常の65歳受給開始と比べ、年間では84%も増加する。70歳に繰り下げても42%増だ。具体的に老齢基礎年金を満額で受け取る場合、65歳開始でもらえば年78万0900円だが、70歳でもらうと年110万8878円（42%増）、75歳でもらうと年143万6856円

（84%増）まで増えるのだ。

反対に60歳に繰り上げて受給を開始すると、年59万3484円（24%減）へ減ることになる。会社員や公務員がもらう老齢厚生年金も増減額率は同じになる。

銀行定期預金の利息が年0・002%の時代、考えられないほどの高パフォーマンス。老齢基礎年金と老齢厚生年金は、別々に繰り下げられるため、両方とも繰り下げを選ぶとダブルで増額される。対象になるのは、22年4月1日以降に70歳になる人（1952年4月2日以降生まれ）で、まだ請求していない人である。

繰り上げの減額率、繰り下げの増額率は、手続きを行った時点で決定してしまい、一生涯変わることはない。また、繰り下げは老齢基礎年金と老齢厚生年金を別々にできるが、繰り上げは両者を原則同時にする必要がある。障害年金や遺族年金の受給権があると繰り下げを申請できない。

ではいったいいつから年金をもらい始めるのが最も得なのか？

まったく同じ給料・賞与や同じ年数で働いていた人はそうそういないため、年金の額は個人でケースバイケースとなる。公的年金も、国民年金や厚生年金、かつては共済年金（15年に厚生年金に統合）と、職業によって加入する制度が違うからでもある。

単純に増額率だけを見る限り、84％も増える75歳まで繰り下げて受給するほうが、メリットがあるのは明らかだ。とはいえこれまでも、70歳までの繰り下げ受給は可能だった。が、繰り下げを選択した人は、国民年金でまだ1・5％、厚生年金で0・9％にすぎない（19年度厚生労働省調査）。今後、70歳までの就業が当たり前になれば、この数字が増えてくる可能性はある。

結局、年金を受け取るに当たって、最大の不確定要因になってくるのは寿命なのだ。

もらい得なのは70歳？

公的年金は、その人が死亡するまで支給される終身年金なのだが、いつ寿命がくるのかは誰にもわからない。いくら受給開始年齢を繰り下げても、もらい始めて数年で亡くなってしまったら、繰り下げせずに本来の金額で受給したほうが、生涯トータルでもらえる年金は多いケースもある。

寿命という、誰にもわからない要素があるからこそ、いつから年金をもらうかは慎重になりがち。単純にこの寿命だけでどのような差があるか、一定の年齢までに受け取る生涯年金総額をシミュレーションしてみた。

70歳受給開始の金額が最大の場合が多い
―受給開始年齢別の生涯年金総額―

受給開始年齢	各年齢死亡時の生涯年金総額 85歳	各年齢死亡時の生涯年金総額 90歳
65歳	1640万円	2030万円
70歳	1774万円	2329万円
75歳	1581万円	2299万円

受給開始年齢	各年齢死亡時の生涯年金総額 90歳	各年齢死亡時の生涯年金総額 95歳
65歳	2030万円	2421万円
70歳	2329万円	2883万円
75歳	2299万円	3017万円

（注）老齢基礎年金を満額で受け取るケース
（出所）『60歳からの得する！年金大改正』を基に東洋経済作成

まず男性は65歳・70歳・75歳の3パターンで老齢基礎年金の受給を開始し、85歳・90歳まで生きた場合を想定し、満額でもらえるなら、それぞれいくらになるのか。また女性は同じく65歳・70歳・75歳の3パターンで受給を開始、90歳・95歳まで生きた場合、それぞれ年金はいくらになるか。

結果は、男性が通常の65歳で受給を開始すると、85歳まで生きれば1640万円、90歳まで生きれば2030万円、年金をもらえる。これが70歳に受給開始を遅らせると、85歳まで生きれば1774万円、90歳まで生きれば2329万円。いずれも増額され、繰り下げが功を奏した形だ。

ただし、遅らせすぎてもいけない。最も遅い75歳に受給開始を遅らせてしまうと、85歳まで生きても1581万円、90歳まで生きても2299万円。いずれも70歳受給時と比べて、繰り下げすぎたら「もらい損」になる。

また、繰り上げは必ずしも、悪い選択肢とはいえない。預貯金や退職金が少なく、定年後も働き続ける予定がないなら、最短60歳で受給開始を選ぶこともありえよう。当座のやり繰りが苦しいため、もらえるものは早めにもらいたい、という意識が働くのもわかる。ちなみに今回改正で繰り上げの減額率は、1カ月0・5%減から0・4%減へと縮小している。

参考までに、シミュレーションで男性の寿命を85歳に置いたのは、65歳時点の平均余命を20・05年としたためだ。同じく女性の寿命を90歳に置いたのは、65歳時点の平均余命を24・91年としたためである（20年度簡易生命表）。いずれにせよ平均的な寿命である男性85歳、女性90歳を前提にすると、計算上は70歳受給開始で受け取る年金の額が最大であることがうかがえる。

損益分岐点は11年超か

仮に男性が75歳で繰り下げ受給をする場合、いくら年金が84%増えても、平均寿命の85歳より早死にしてしまうと、本来の65歳で受給開始する場合より、生涯年金総額は少なくなるのがわかる。一方、60歳から繰り上げ受給をする場合、いくら年金を5年早く受け取れても、長生きしてしまうと、本来の65歳で受給開始する場合より、生涯年金総額は少なくなる。
健康なうちに少なくなった年金を繰り上げて受給し生活費や遊興費に充てるか、それとも、医療費や介護費がかさむ頃により多くの年金を繰り下げて受給するか。実際にはその人が亡くなったときでないと本当の損得はわからない。

本誌では受給開始年齢別に見た生涯年金総額の「損益分岐点」を示した（先の図「受給開始からほぼ11年で追い抜ける」参照）。本来の65歳受給開始の平均総額に対して、70歳開始は81歳まで生きれば総額で追い越し、75歳開始は86歳まで生きれば総額を追い越す計算になる。繰り下げは受け取り始めた年齢から〝11年超〟が損益分岐点の目安と捉えればいいだろう。

実は繰り下げ受給もメリットばかりではない。加給年金や振替加算は増額の対象外なうえ、繰り下げ待機期間中はこれら加給年金や振替加算を受け取れない。繰り下げ待機中に本人が亡くなった場合、遺族が遺族年金とは別の未支給年金を請求する際にも、増額分はなかったものとして、65歳時点の額で決まってしまう。

年金の増額分を受給すると、所得が増えるため、税金や介護保険料、医療保険の自己負担が増えることもある。増額後の手取りは純粋に増額率をかけたものではないのも頭に入れておきたい。

確かに今回の年金改正で、老後の選択の幅はより広がった。だがそれは個人が選択できる分、積極的に自分で考えなくてはならなくなったということだ。


人生100年時代の到来で、高年齢者雇用安定法が改正、70歳までの就業確保が努力義務とされるなど、働き方も変化している。70歳までの就業が義務化されれば、それに合わせ、通常の年金受給開始が70歳に延長される可能性も否定できない。定年を廃止する企業が増える結果、退職金制度がなくなる事態もありえよう。ビジネスパーソンなら自社の退職金規定も注視しておいたほうがいい。

家族構成や貯蓄、健康状態のほか、いつまで働くか、働く場合はどんな条件でどのくらいの収入になるか、就労以外の収入があるのか……。いざ請求するときになって慌てる前に、年金の制度や自身のライフプランについて考えなければならない。自分自身で納得できる選択ができれば、それが何よりも正解となるはずだ。

小泉正典（こいずみ・まさのり）
1971年栃木県生まれ。明星大学人文学部経済学科卒業。2008年開業。一般社団法人SRアップ21理事長・東京会会長。監修書に『60歳からの得する！年金大改正』など。

【改正②】短時間労働者への厚生年金の適用拡大

パートも厚生年金を受け取れる

ファイナンシャルプランナー CFP・岩城みずほ

これからは正社員でなくても、長い老後を安心して過ごしたい。生活費のベースとなる年金を増やすため、パートやアルバイトなど短時間労働者も、厚生年金に加入して少しでも長く働くことで、年金額を増やせる。

すでに2016年10月には、週20時間以上、賃金月8・8万円以上、勤務期間1年以上、501人以上の事業所、学生でないことをすべて満たす短時間労働者は、厚生年金（および健康保険）に加入できるようになった。これが22年10月から、勤務期間は「2カ月超」、事業所は「101人以上」へ、さらに24年10月からは「51人以上」へと引き下げられ、対象者が一気に拡大する。

■ **パートも厚生年金に加入できる**
—適用拡大となる従業員と企業の要件—

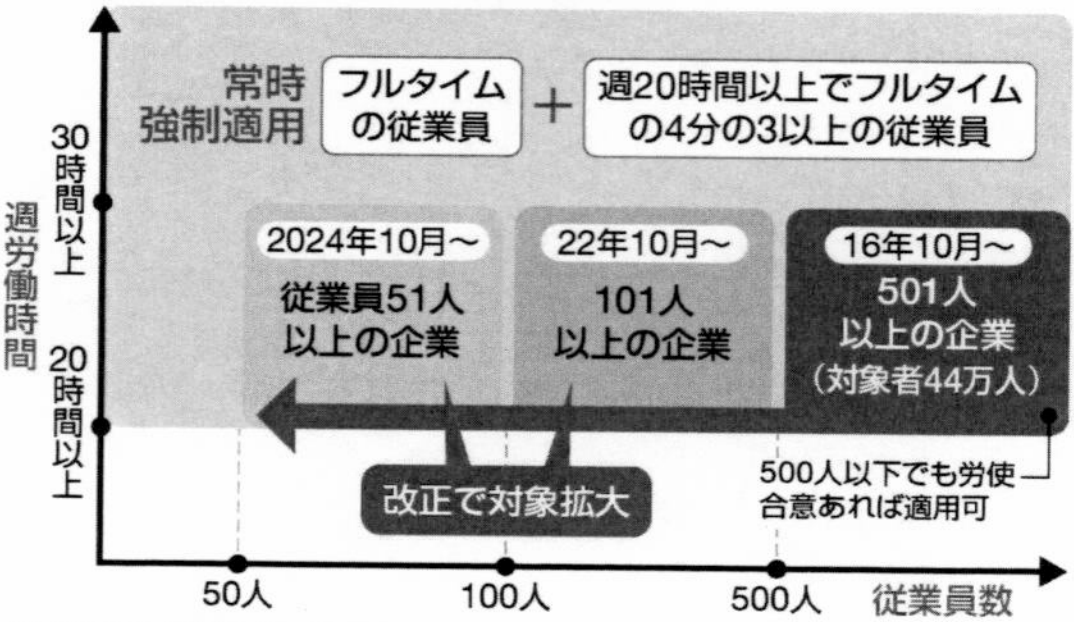

（出所）筆者資料を基に東洋経済作成

終身でもらえる厚生年金

では今回の改正でいったいどんな影響があるのか。

①単身者など国民年金第1号被保険者（かつ国民健康保険加入者）のAさん
②会社員の妻など国民年金第3号被保険者（かつ健康保険被扶養者）のBさん
③高齢者など国民年金非加入者（かつ国民健康保険加入者）のCさん

の3パターンに分けてみた。

いずれも月収8・8万円（年収106万円）とする。うち最も恩恵が大きいのは、全体の44・6％を占める、①の第1号被保険者だ。

Aさんは国民年金と国民健康保険の保険料を月1万9100円支払っている。将来受け取るのは、1階部分の「老齢基礎年金」（国民年金）のみで、満額なら月6・5万円。改正で厚生年金と健康保険の被保険者になると、保険料は労使折半で負担は月1万2500円に減り、将来受け取る年金は、「老齢厚生年金」が上乗せされ2階建てとなる。

受け取る厚生年金は加入中の給料・賞与の額で決まるため、1年加入で年5400円だが、10年で年5万4700円、20年で年10万8600円を、終身にわたり受け取れる。年収が上がれば比例して年金も増加。「年収×0・005481×加入期間」でおよそ計算できる。

また②のBさんは、夫の被扶養者であるために、保険料の支払いはゼロだ。改正で厚生年金に加入すれば、Aさんと同様の保険料負担が生じ、Aさんと同額の老齢厚生年金が終身でもらえる。

さらに③のCさんは、国民健康保険の保険料を月2700円のみ支払っているが、厚生年金に加入することで、AさんやBさんと同様の保険料が発生する分、AさんやBさんと同じ額の老齢厚生年金を終身でもらえるのだ。

それだけ厚生年金の適用拡大は効果が大きい（いずれも概算、厚生労働省の資料に基づく）。

適用拡大については、望む人も望まない人もいるが、前回16年の改正の際には、目先の手取り額が保険料分減少するのを回避するため就業調整をした人より、労働時間を延ばした人のほうが多かった。第1号被保険者では約7割、第3号でも約5割が、労働時間を延長し厚生年金に加入している。

これらはいずれも社会保険加入のメリットを享受するためであろう。生涯受け取る年金の額を増やすことは老後の安心に直結する。パートやアルバイトなど短時間労働者が厚生年金に入ることは、年金制度を安定したものにするためにも欠かせないことだ。

岩城みずほ（いわき・みずほ）
慶応大学卒業。NHKやフリーアナウンサー、会社員を経て2009年独立。中立な立場で講演や執筆を行う。著書に『結局、老後2000万円問題ってどうなったんですか？』など。

【改正③】在職老齢年金の減額基準引き上げ

働きながらも年金をもらう

ブレイン社会保険労務士法人代表・北村庄吾

年金というと定年後のイメージがあるが、実は働きながら厚生年金をもらうことができる。それが「在職老齢年金」だ。

ただし、年金を受け取る高齢者には、制限がある。国からもらう年金（月額換算金額）と、会社からもらう給与（総報酬月額相当額）の合計が、ある一定額を超えたとき、年金のほうが減らされる仕組みになっているのだ。

月47万円までならOK

改正前の2022年3月まで、60〜64歳の人は給与と年金を合わせた合計金額が月「28万円」を超えた場合、原則として、超えた額の2分の1に当たる年金が支給停止となっていた。

例えば、年金が月10万円、給与が月25万円とすると、合わせて35万円。支給停止基準（減額基準）の28万円を7万円オーバーするので、その半分の3・5万円分の年金を削られてしまう。

■改正で年金をカットされない人が増える
—在職老齢年金の減額基準変更に伴うケーススタディー—

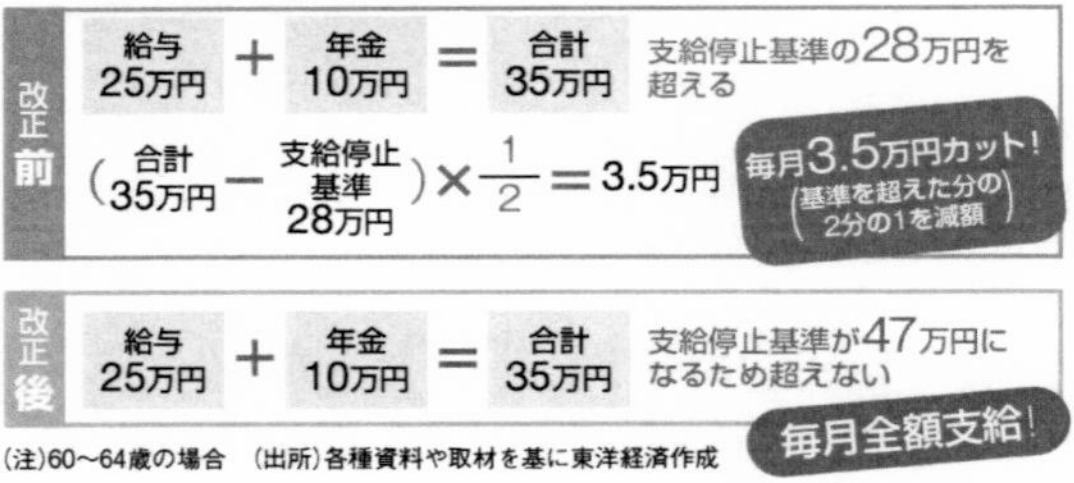

(注)60〜64歳の場合　(出所)各種資料や取材を基に東洋経済作成

また65歳以上の人は、年金と給与の合計が月「47万円」を超えたら、超えた分の2分の1の年金がカットされていたのである。

働いて給与をもらっても年金が減ってしまう仕組みでは、多くの働くシニアにとって納得がいかない。実際に60~64歳の人の55%が年金をカットされていた(18年度厚生労働省調査)。そこで企業は継続雇用の給与について、定年前の給与と比べて60%程度に抑えるなど、年金の支給を停止されない範囲で調整してきたのだ。

本来なら評価によって決まる給与が、年金との調整で決まる不合理な結果となり、働く意欲がなくなる弊害も指摘されていた。

これが改正後の22年4月からは、60~64歳の人も65歳の人と同様に、給与と年金を合わせて月「47万円」の支給停止基準を超えると、その2分の1の年金が支給停止となるよう、統一された。基準が月28万円から月47万円へ拡大され、定年後数年の人は、もっと給与を稼いでも年金を削られなくなったのである。

給与と年金で月47万円までならカットされない

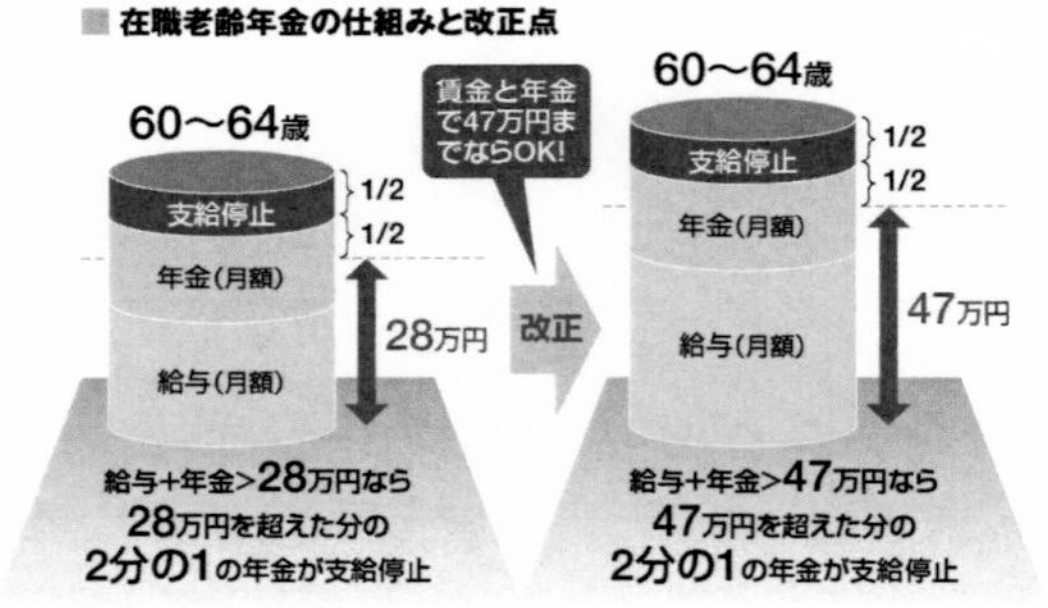

(出所)筆者資料を基に東洋経済作成

ちなみに18年度厚労省調査によると、65歳以上の在職老齢年金の受給者（約248万人）は、給与＋年金で月20万円以上24万円未満が最も多かった。

公的年金の受給開始が65歳に引き上げられる一方、企業には65歳までの継続雇用が義務化され、70歳までの継続雇用は努力義務となっている。人手不足が懸念される今、高齢者の活用は欠かせない。シニアにはより働くインセンティブとなる改正といえよう。

毎年年金が増え続ける

もう1つ、改正で変わることがある。65歳以上で働きながら年金を受給すると、毎年、もらう厚生年金の額が増えていく「在職定時改定」の導入だ。

今までは、年金保険料を納めても働いている間に受け取る年金の額は変わらず、退職するとき、あるいは70歳になるときにまとめて改定されていた。

これが22年4月からは、70歳までの在職中、毎年1回改定されるようになる。働いた翌年の年金が順次増額されるという仕組みになるのだ。

働いているうちは毎年上積みされる

■ 在職定時改定の仕組みと改正点

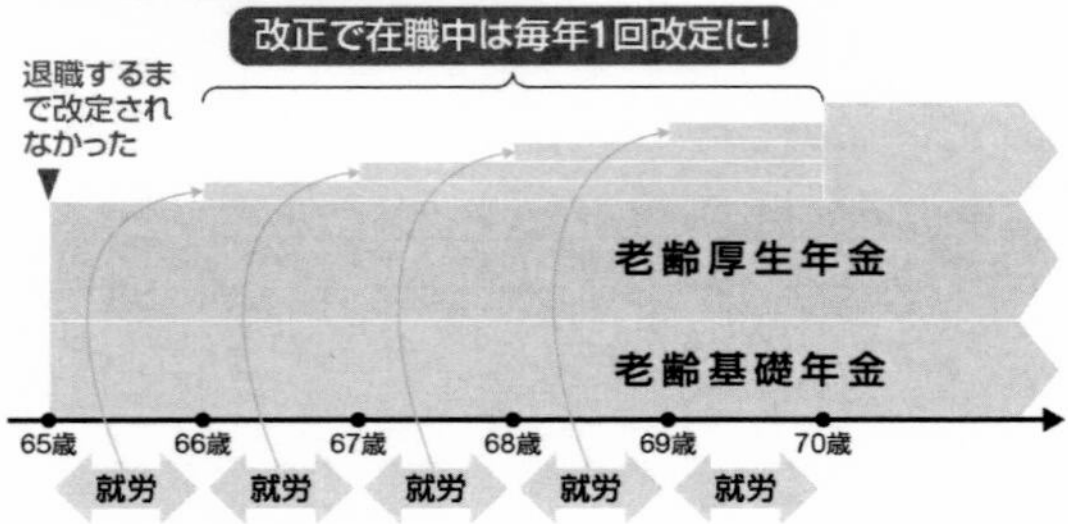

(出所)筆者資料を基に東洋経済作成

具体的には9月1日を基準日とし、8月までの加入実績に応じて、10月から反映される（支給は12月）。

例えば、標準報酬月額が月10万円の人は、1年就労すると、もらう年金が年約7000円増える。同じく月20万円の人は年約1・3万円、月30万円の人は年約2万円増となる。働くのをやめれば、支給される年金は原則として毎年同じ額になるのだから、増額される意味は決して小さくない。

ただし、これらには注意すべき点もいくつかある。

在職老齢年金の対象となるのは、厚生年金のみで、基礎年金の部分は調整されない。また在職定時改定の対象は65歳以上で、60歳から65歳まで継続雇用で働いていても適用されない。さらに、在職定時改定で年金が増えすぎると、逆に在職老齢年金の支給停止となるケースも出ると思われるので、気をつけたいところだ。

公的年金は終身年金であることから、年金を増やしながら働くメリットは大きい。

しかし、給与と年金が調整される結果、年金が減らされるのは嫌だ、というのが多くの人が考えることだろう。

実は給与の受け取り方を工夫すれば、年金を削られない働き方もできるので、取り上げてみたい。

継続雇用される際、給与の受け取り方を工夫できるのであれば、第2退職金という考え方が有効だ。これは継続雇用後の報酬を給与と退職金に分けて支払ってもらうという方法である。

〝第二退職金〟の活用も

例えば、年収240万円で働くなら、200万円を給与、40万円を退職金でもらう。

退職金は年40万円の退職所得控除があるので、全額を非課税で受け取れるうえ、社会保険料もかからない。企業としても、40万円にかかる会社負担の保険料がなくなり、双方のメリットが多い。

あるいはシニアになって個人事業主として働く選択肢もある。個人事業主なら会社からの請負契約になり、時間拘束や指揮命令を受けず成果物を納品する。この場合、厚生年金や健康保険、労災保険、雇用保険も原則として適用されないため、頭に入れておくこと。

年金にしても働き方にしても、老後の選択肢は意外に多い。在職老齢年金の改正や在職定時改定の導入は、長生きリスクの時代に対応するものと捉えたい。60代以降にどう働くか、リタイア後の生き方をどう描くか、現役時代から考えておくことが重要だ。

北村庄吾（きたむら・しょうご）
1961年生まれ。2000年独立し社労士事務所を組織化。社会保険労務士・行政書士・ファイナンシャルプランナー。著書に『人事・労務の超基本』『社労士試験 非常識合格法』など。ユーチューブ「週刊人事労務チャンネル」配信中。

【Q&A】初心者にもゼロから教えます

年金のイロハ

社会保険労務士　年金アドバイザー・清水典子

老後不安と騒がれていても、実際には50代になってから、ようやく年金について意識する人が多い。これから受給を迎えるビギナーのためにも、年金のイロハから解説してみたい。

【Q1】年金を受け取るためには、最低何年間の加入期間が必要ですか？

【A1】年金（老齢基礎年金＝国民年金）を受け取るためには最低10年間の加入期間が必要です。

2017年7月までは25年間必要でしたが、改正後は10年間に短縮されました。

10年間には国民年金や厚生年金、共済年金に加入していた期間が含まれます。継続した10年間でなくても、合算して10年間保険料を納付していれば、受け取る条件を満たします。

ただし、老齢基礎年金を満額で受け取るためには、20歳から60歳になるまで40年間（480カ月間）、保険料を納付していなければなりません。この40年間に未納期間があれば、1年間で約2万円程度の減額になってしまいます。22年度の満額は年77万7792円（月6万4816円）です。

大卒で社会人になり、学生時代に国民年金保険料を納めていない場合には、満額になりません。

【Q2】年金を受け取るときは、どこに請求をすればいいですか？

【A2】老齢年金は受給開始年齢の3カ月前に、年金請求書が自宅に郵送されます。誕生日が来たら、添付書類を準備し、最寄りの年金事務所に提出します。国民年金だけに加入している人（第1号被保険者）は、住んでいる市区町村の役所でも提出可能です。

実は年金は自分で請求しない限り、自動的には振り込まれません。年金請求書を提出しないまま、5年間を過ぎてしまうと、時効によって受け取れなくなりますので、注意が必要でしょう。

年金は年6回、偶数月の15日（土日祝なら前日金曜）に、2カ月分が本人の金融機関口座に振り込まれます。遅れて年金請求書を提出したら、過去の年金分もまとめて、初回の振込日に支払われます。申請してから初回の年金が振り込まれるまで約3カ月かかることを覚えておいてください。

老齢年金を受給する前に、遺族年金や障害年金を受給している人は、老齢年金を受給する時期を迎えたら、年金請求書を提出して、どちらを受給するかを選択する手続きが必要です。65歳以降は複数の組み合わせが可能なため、事前に年金事務所などで相談することをお勧めします。

【Q3】年金をいくら受け取れるかを知るにはどうすればいいですか？

【A3】年金手帳は22年4月に廃止されましたが、金額は毎年誕生月に届く「ねんきん定期便」で知ることができます。50歳以上の人は、60歳まで今と同じ条件で保険料を納付したと仮定したときの見込み額で、表示されています。50歳未満の人はこれまでの加入実績に応じた年金額がわかります。

また「ねんきんネット」に登録すると、「ねんきん定期便電子版」を24時間いつでも確認できるので、とても便利です（後述）。ねんきんネットでの見込額試算では、会社員の人がフリーランスになった場合や自営業の人が厚生年金に加入した場合など、将来の職業や収入の条件設定を変えて試算することもできます。

さらには、全国各地の年金事務所や「街角の年金相談センター」でも、年金の見込み額を算出してもらえます。電話予約をしたうえで、マイナンバーカードや基礎年金番号通知書（またはお持ちの年金手帳）を持参し、来所します。なお試行段階ではありますが、年金請求書が緑の封筒で届いた方は、日本年金機構のホームページから予約することも可能です。

【Q４】支払う保険料や受け取る年金は、毎年同じ金額なのですか？

【Ａ４】国民年金の保険料は、物価変動率や実質賃金変動率によって、毎年の保険料の改定率が決まっていきます。19年度からは1・7万円に保険料改定率を掛けた金額になります。4月から1年間は定額の保険料となっており、22年度は月1万6590円です。

国民年金の場合、保険料は納付方法次第で割引があることも、知っておきましょう。1カ月前倒しで支払う「早割」から2年前納まであります。早割では毎月50円、2年前納では2年分をまとめて先払いすれば、約1カ月分の保険料が割引になるのです。

また厚生年金の保険料は、給与などの額（標準報酬月額）によって、自分の該当する等級に当てはめると、保険料の額が決まります。保険料率は17年9月から標準報酬月額の18・3％（労使折半）で固定されています。割引はありませんが、産前産後休業や育児休業（男女とも）の間は、申請すれば保険料が免除されます。

いずれも、保険料を支払う現役世代の負担が増えるのを避けるため、保険料や保険料率を固定するよう法改正で定められました。

一方、年金の額は毎年の物価と賃金の上昇率で、改定率が決まります。さらに少子高齢化も考慮し、賃金と物価が上昇した場合は「マクロ経済スライド」（04年導入）を発動させて、年金額の伸びを抑える仕組みになっています。もっとも、変動率がプラスのときにしか実施しないため、発動されたことは過去3回しかありません。

年金は毎年4月分から1年間定額です。22年度のモデル年金（会社員と専業主婦の標準世帯で65歳以降の夫婦）は、月21万9593円と発表されました。

【Q5】パートや嘱託は会社員の入る厚生年金に加入できますか？

【A5】厚生年金に入る条件は、正社員でなくても、原則、働く時間や日数が正社員の4分の3以上であれば、加入が可能です。

それより短時間労働でも、①週20時間以上働く、②1年以上働くことが見込まれる、③学生でない、④賃金が月8・8万円以上、⑤従業員数が501人以上、などの条件を満たせば、加入することができます（16年10月適用）。

厚生年金に加入すると、老齢基礎年金に加え、老齢厚生年金を受給できます。老後の資金が増やせるだけでなく、遺族厚生年金や障害厚生年金の受給も、条件が合えば可能です。同時に健康保険制度に加入するため、傷病手当金や出産手当金（女性のみ）などの給付も受けられるのです。

その条件は今後も緩和され、22年10月から、②は2カ月超働くことが見込まれる、⑤は従業員数が101人以上、24年10月から、⑤は51人以上、と対象者はさらに拡大する見込みです。加入できるのは10代から70歳までで保険料は給与の額に合わせて天引きされます。

【まとめ】年金を知るポイント

・年金（老齢基礎年金）を受け取るには最低10年間の加入期間が要る。満額もらうには40年間必要だ。
・年金は自分で請求しなければ受け取れない。年金請求書に記入し、最寄りの年金事務所か役所に提出。

・年金は年6回、偶数月の15日（土日祝なら前日金曜）、2カ月分が本人の金融機関口座に振り込まれる。
・年金手帳は廃止、基礎年金番号通知書に替わる。自分の年金はねんきん定期便やねんきんネットでわかる。

清水典子（しみず・のりこ）
中央大学卒業。大手百貨店や生命保険会社を経て、2003年独立。総務省の第三者委員会では消えた年金問題の専門調査に関わる。著書に『図解　いちばん親切な年金の本』など。

「ねんきんネット」を活用！

自分の年金はネットで調べよう

ウェルスペント代表 ファイナンシャルプランナー・横田健一

年金手帳が廃止された今、毎年郵送される「ねんきん定期便」で、公的年金をチェックする人も多いと思う。だが、それより便利な「ねんきんネット」をご存じだろうか。

これは一度登録すれば、パソコンやスマートフォンから24時間、いつでも自分の公的年金の情報を確認できるサイトで、日本年金機構が提供しているものだ。

今回、都内大手企業に勤める部長職のA氏（55歳男性、新卒入社）の実際のデータを参照しながら、ねんきんネットの実践的な使い方について、簡単に説明してみたい。

自分の年金はいくらか

まず利用するには登録が必要で、「マイナポータルとの連携」「ユーザーIDの取得」と、2つの方法がある。マイナンバーカードを持っていない人は後者になる。

利用登録が完了してログインすると、トップページには「利用者情報」が表示されている。氏名、基礎年金番号、郵便番号・住所・性別・生年月日が正しく登録されているか、初回ログイン時には必ず確認しておこう。

主な機能としてあるのは、画面の下に掲載された3つ。「年金記録を確認する」「将来の年金額を試算する」「通知書を確認する」だ。

まず1つ目のメニュー「年金記録を確認する」を説明しよう。クリックして、「詳細な年金記録を確認する」から「月別の年金記録を確認する」へ進むと、これまでの年金記録や年金見込額が表示される。月別では毎月の加入履歴が掲載されており、正しく記載されているかチェックしたい。

さらに進むと「年金見込額」の欄がある。５０歳以上なら、今の加入条件が６０歳まで継続した前提で見込まれる年金の額など、「老齢年金の見込額の情報」が掲載されている。一方、５０歳未満なら、「これまでの加入実績に応じた年金見込額の情報」が表示される。

1　利用者情報を確認、メニューを選ぶ

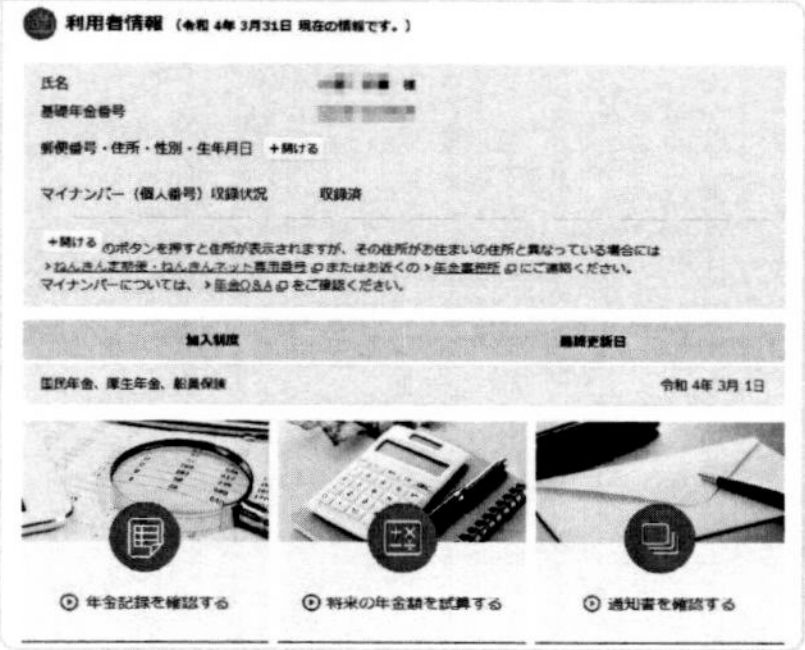

2　年金見込額で基礎年金、厚生年金を見る

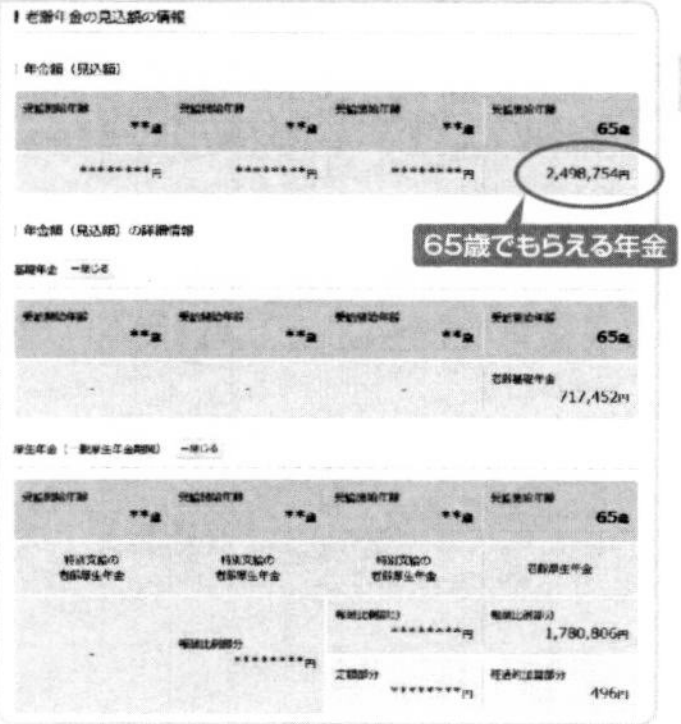

50歳未満の人は少ない印象を受けるかもしれないが、加入実績が今後積み上がっていくので、実際に将来受給できる年金は増加していく。勘違いして不安にならないよう注意してほしい。

A氏のケースでは、年金見込額のページで次のように表示されていた。まず上段の「年金額（見込額）」には、65歳（受給開始年齢）から、年間249万8754円を受給できる見込みであることが記載されている。

続く中段の「年金額（見込額）の詳細情報」は、基礎年金と厚生年金の2つに分かれている。基礎年金は原則として、20歳から60歳までの国民年金の加入期間に応じて支給額が決まる部分で、2022年度における金額は満額なら年77万7792円だ。

最後の下段は会社員や公務員が加入している厚生年金である。こちらはさらに、報酬比例部分と経過的加算部分に分かれるが、メインは報酬比例部分。給与収入に比例して決まる年金で、年178万0806円となっている。

つまり、A氏は現在の加入条件がこのまま継続したとすると、65歳から公的年金を年約250万円受給することになり、内訳は基礎年金が約72万円、厚生年金が約178万円というわけだ。仮にA氏が85歳まで生きるとすれば、20年受給で、累計約5000万円を受け取る計算になる。

繰り下げも試算できる

いよいよねんきんネットで最も便利な試算の機能を見てみよう。

トップページにある2つ目のメニュー「将来の年金額を試算する」に進むと、「かんたん試算」と「詳細な条件で試算」が並んでいる。

「かんたん試算」では、現在の加入条件が60歳まで継続すると仮定して、試算される。A氏の場合、65歳1カ月目から、月20万7477円を受給できる見込みとなることがわかろう。

「詳細な条件で試算」も試してみたい。ここでは、「今後の職業などの設定」「受給開始年齢の設定」など細かく設定し、さまざまなパターンで年金見込額を試算することが可能だ。「今後の職業などの設定」では、自営業、会社員、その他（公務員等）の職業や、フルタイム（厚生年金加入）かパートタイム（国民年金加入）かまで、細かく設定することができる。

また「受給開始年齢の設定」では、基礎年金と厚生年金について、本来の受給開始年齢である65歳よりも繰り上げて（早めて）受給するか、繰り下げて（遅らせて）受給するか、といった条件を設定してみるとよい。

ここでA氏が現在の加入条件を継続したまま、受給開始を70歳とすると、どんな結果になるか。

公的年金は1カ月繰り上げるごとに0・4％減額され、1カ月繰り下げるごとに0・7％増額される仕組みとなっている。本来の65歳から5年繰り下げて、70歳から受け取れば、42％アップ。10年繰り下げて、75歳から受け取れば、84％アップした水準が生涯にわたって受給可能なのだ。

A氏の場合、70歳開始に繰り下げると、月29万4617円受給できる見込みで、65歳開始より42％増えるのがわかる。

3 本来もらう65歳開始時の年金を試算

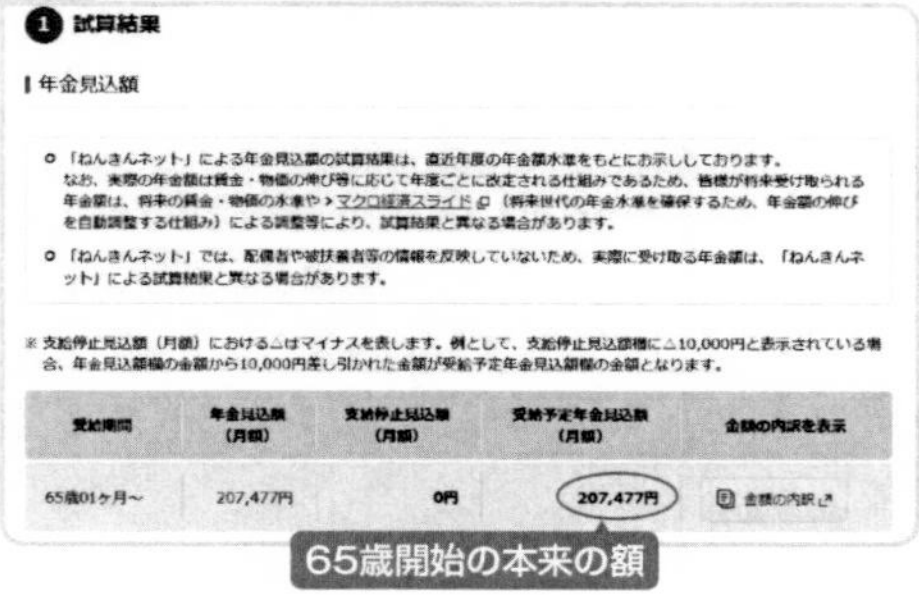

4 繰り下げで70歳開始時の年金を試算

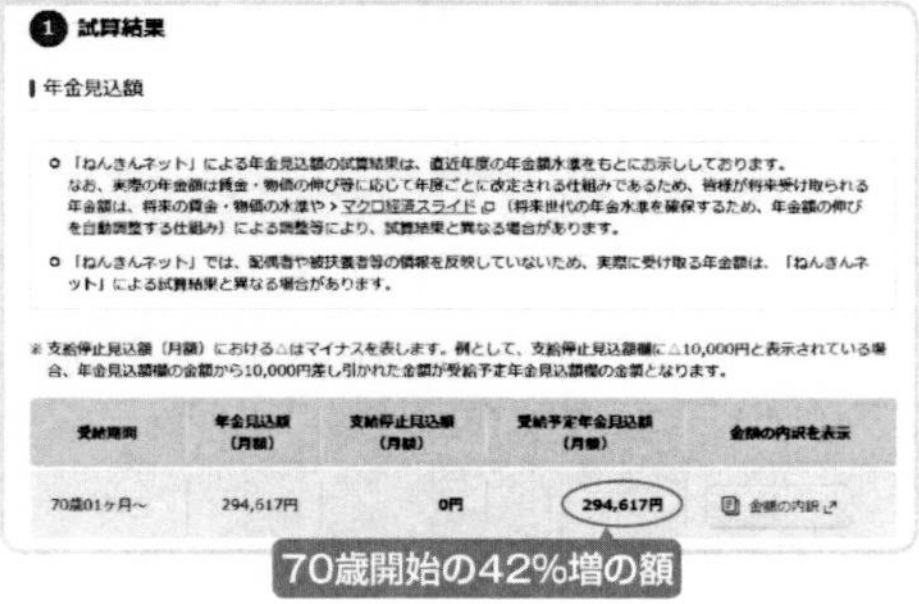

この「詳細な条件で試算」では今後の就労条件を自由に設定してみてほしい。例えば、55歳で役職定年となり年収が下がる、60歳で定年退職し継続雇用される、55歳で退職して起業するなど、さまざまな条件で年金見込額を試算できる。リタイア後の生活をイメージするうえでも役立つに違いない。

公的年金について漠然と不安に思う人は多い。自身の年金を正しく理解するため、ねんきんネットをぜひ有効活用してほしい。

横田健一（よこた・けんいち）
東京大学理学部卒業。大手証券でデリバティブ開発やフィンテックの企画・調査などを担当後、2018年独立。情報サイトやYouTubeで「資産形成ハンドブック」を配信。

【遺族年金】老後の「頼みの綱」

夫の死後、妻はどう生計を維持する

ファイナンシャルプランナー CF®・岩城みずほ

働き手が亡くなるリスクに対応するのが「遺族年金」だ。これには遺族基礎年金と遺族厚生年金がある。

「遺族基礎年金」は、亡くなった人から生計を維持されていた「子のいる配偶者」、または「子」が受給できる。子は18歳の年度末、高校卒業までを想定。遺族の収入要件は年850万円未満だ。

金額は一律で年77万7800円+子の加算である。1人目と2人目はそれぞれ年22万3800円、3人目以降は年7万4600円が加算される（2022年度）。

一方、会社員など厚生年金加入者に生計を維持されていた人は、「遺族厚生年金」を合わせて受給できる。夫婦とも厚生年金に入っていても夫と妻は受給する年齢要件が違うため注意してほしい。

例えば会社員の夫が亡くなった場合、妻が夫に生計を維持されていたら、年齢に関係なく再婚しない限り、終身で遺族厚生年金を受け取れる。ただし、30歳未満で子のいない若い妻は、夫の死亡時から5年間しかもらえない。

他方、妻が亡くなった場合、55歳未満の夫は遺族厚生年金を受け取れず、55歳以上の中高年層の夫なら60歳から受給できる。55歳未満の夫は遺族基礎年金なら受け取れるが、その際は夫が遺族基礎年金、子が遺族厚生年金をもらう。

■ **遺族年金は年齢で要件が異なる** —夫は会社員で子がいない妻のケース—

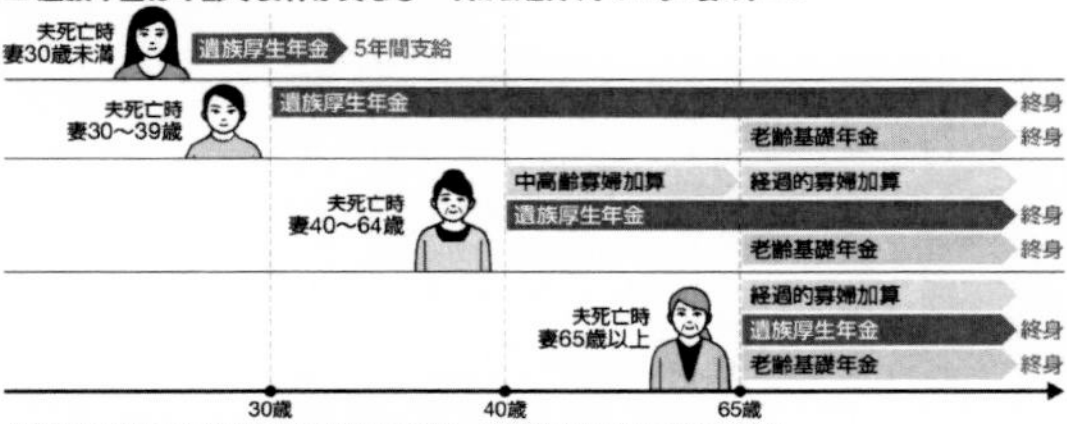

（注）経過的寡婦加算は1956年4月1日以前生まれが要件　（出所）筆者資料を基に東洋経済作成

相手の厚生年金の75%

ちなみに遺族基礎年金は要件に該当する子がいなくなれば失権する。子が成長し遺族年金の急減で困窮するのを防ぐため、40~64歳で遺族厚生年金に加算されるのが、「中高齢寡婦加算」だ。末子が18歳の年度末を過ぎたとき、または夫を亡くしたとき、子のいない40歳以上の妻が受給できる。

加算額は老齢基礎年金の満額の4分の3である58万3400円（22年度）。妻が65歳になると、自身の老齢基礎年金を受給できるため、中高齢寡婦加算はない。

気になる遺族厚生年金だが、死亡時までの平均年収と加入期間で変わる。基本的に亡くなった人の老齢厚生年金の4分の3になるが、厚生年金の被保険者期間が300カ月間（25年間）未満なら300カ月とみなす。

具体的に65歳以降に受け取る遺族厚生年金はこう計算する。

①配偶者の老齢厚生年金の4分の3、または、②配偶者の老齢厚生年金の2分の1と

自分の老齢厚生年金の2分の1を合算。このうちどちらか多いほうの金額だ。仮に妻が高収入で、自分の老齢厚生年金が①②より多いと、夫の遺族厚生年金を受け取れない。

年金の額が決まったら、まず、自分の老齢厚生年金の全額を優先して受け取る。次に①②で計算した金額の多いほうと、自分の老齢厚生年金との差額を、遺族厚生年金として受給する。遺族厚生年金には税金がかからない。

一方、自営業者など国民年金だけに加入している人は、末子が18歳になった年度末を過ぎると、遺族基礎年金を受給できない。このため適切な対応が必要だ。

遺族年金は残された家族にとって大事な収入。今から学んでおいても早くはない。

これが離婚の年金分割だ

社会保険労務士　年金アドバイザー・清水典子

今や3組に1組が離婚している日本。2020年には52・5万組が婚姻し、19・3万組が離婚している（厚生労働省人口動態統計）。

日本ではもともと男女の雇用格差があり、厚生年金は給与や勤続年数で決まるから、年金にも男女格差が生じているのが現実だ。夫婦が離婚する場合、老後の生活にも影響が及ぶため、相手の年金を分割して清算できる「年金分割」の制度が成立した。

対象者は、夫婦の一方または双方が厚生年金に加入している、または加入していた人。自営業を営む夫婦など国民年金のみの夫婦は対象外だ。

その仕組みは、夫婦の婚姻期間中の厚生年金の加入記録（標準報酬月額・標準賞与額）を分割したうえで、厚生年金の多い（ある）ほうから少ない（ない）ほうへと付け替えるもの。元妻のほうが少なければ、自身の年金に加え、分割された元夫の年金を自身の年金として受け取れる。

年金分割には2種類ある。「合意分割」と「3号分割」だ。

■ **厚生年金の多いほうから少ないほうに付け替える**
—年金分割の仕組み(合意分割)—

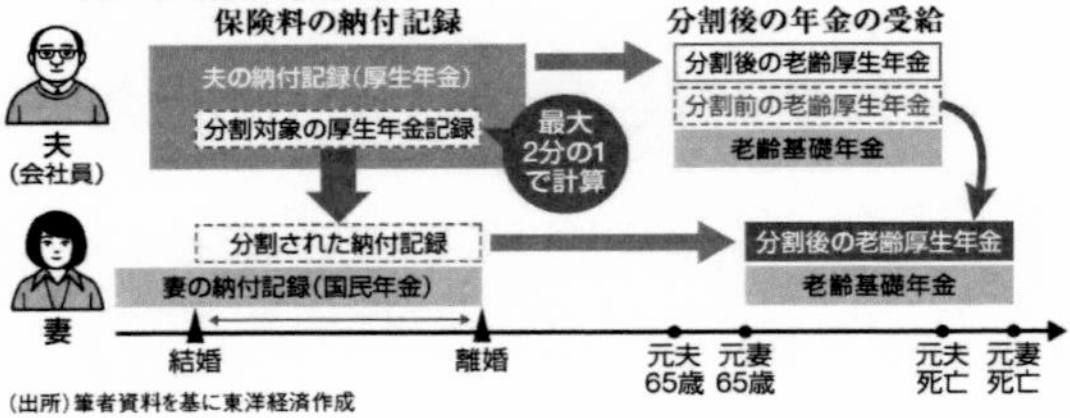

(出所)筆者資料を基に東洋経済作成

合意ありか、なしか

まず合意分割は、共働き夫婦など双方に厚生年金記録がある場合、何対何で年金を分けるかについてお互いに話し合い、分割割合を決める方法だ。相手の合意がないと分割できず、分割割合は夫婦合算後の年金のうち、最大でも2分の1まで。対象は07年4月以降に離婚した夫婦になる。

一方、3号分割は、専業主婦など第3号被保険者（厚生年金加入者の扶養者）からの申請で成立。分割割合は2分の1と決まっている。対象は08年4月以降に第3号被保険者の期間がある人になる。

具体的には共働きで会社員（ともに厚生年金加入）のA夫妻が合意分割するパターンから（夫の月収約50万円、妻の月収約30万円）。

この夫婦の場合、イメージとしての2分の1の年金分割は、（50万円＋30万円）×1／2＝40万円となる見込み。夫婦とも月収40万円に改定したうえで厚生年金を計算する。参考までに20年度における年金分割の平均は月約3万円だ。

また、会社員の夫（厚生年金加入）、個人事業主の妻（国民年金のみ加入）のB夫妻が合意分割するパターンは、先の図のようになる。仮に妻のほうが夫より年収が高くても、厚生年金に加入していた夫から妻へ、年金が振り分けられる仕組みである。

年金分割の申請方法は、年金事務所に「年金分割のための情報提供請求書」を提出、「年金分割のための情報通知書」を受け取る。次に離婚後2年以内に「標準報酬改定請求書」を年金事務所に提出すると成立する。

情報提供請求書は離婚前なら相手に知られず、分割後にいくら受け取れるかを教えてもらえる（50歳以上限定）。これは意外と知られていない。

合意分割の場合は合意書が必要だが、合意がまとまらないときは、家庭裁判所に年金分割調停の申し立てができる。合意書や委任状は日本年金機構のサイトからダウンロードできる。3号分割の場合、もちろん合意書は不要だ。

注意する点としては、期限が離婚後2年ということ。離婚が成立したら、早めに提出しておくべきである。

手続きが完了すると、それぞれに標準報酬改定通知書が届くが、分割した年金を受給できるのは、各自の年金受給開始年齢が来てから。離婚直後の生活費に充てられるものではないので気をつけたい。

ライフスタイル別

年金増強ロードマップ

ファイナンシャルプランナー・井戸美枝

年金を増やす方法は具体的にどれだけあるか。次に示す4つのケースを想定して解説していく。

①会社員&専業主婦
②自営業夫婦
③共働きディンクス
④シングル・フリーランス

（執筆協力：ファイナンシャルライター・瀧　健）

【会社員&専業主婦】繰り下げ受給を駆使し増額

会社員の夫と専業主婦の世帯をみる。

卓さん（55）は会社員として新卒で入社。厚生年金に加入し、年収は600万円だ。妻の理恵さん（52）は専業主婦で、基礎年金（国民年金）のみ加入している。

現状で受け取る見込みの年金は、卓さんが「年209万円（月17・4万円）」で、理恵さんが「年78万円（月6・5万円）」。いわば典型的な昭和の夫婦像であり、卓さんは65歳で無事、定年退職するつもりでいる。

まず年金を増やす方法で最も有効なのは「繰り下げ受給」だ。受給開始を、本来の65歳より1カ月遅らせるごとに年金は0・7%増え、70歳まで繰り下げると42%増額される。

そこで卓さんが選んだのが、老齢基礎年金の受給開始を70歳に繰り下げる一方、老齢厚生年金は本来の65歳から受給すること。65歳以降、同じ会社に「継続雇用」され70歳まで5年間嘱託社員として働くつもりだが、年収は現役より大幅に落ちて、240万円（月収20万円）とする。

老齢基礎年金の受給額は、5年の繰り下げによって42％増額され、年110万円（月9万円）だ。85歳死亡前提に70歳から15年間受け取ると、老齢基礎年金は計1650万円になる。一方、継続雇用で厚生年金にも引き続き加入。月収20万円なら毎年1・3万円ずつ老齢厚生年金が上積みされ、5年目には年137・5万円（月11・5万円）に増える。65歳から20年間受け取ると、老齢厚生年金は計2737万円である。

また、卓さんは妻の理恵さんが3歳年下なので、65〜68歳までの3年間、「加給年金」を年39万円受け取ることができる。

こうした対策で卓さんの生涯年金総額はいくらか。前述したとおり85歳まで生きると仮定すると、本来受け取る4180万円から増額後には4387万円になって、207万円アップする計算になる。

続いて妻である理恵さんの年金を増やす方法を考えたい。

現在は国民年金しか加入していないため、まずパートで働き「厚生年金に加入」。パートの年収106万円（月収8・8万円）とすると、52歳から65歳まで13年間働いたら、年7・5万円の老齢厚生年金を受け取れる。

理恵さんは老齢基礎年金と老齢厚生年金を70歳まで両方「繰り下げ」。老齢基礎年金は42％増額で年110万円（月9万円）。老齢厚生年金も42％増で年10・6万円（月8800円）に増える。

さらには厚生年金に入ることで52歳から65歳まで「iDeCo（個人型確定拠出年金）」への加入も可能だ。iDeCoは公的年金に上乗せできる個人年金。60歳まで引き出せないが、掛け金の所得控除などがある。iDeCoで52歳から65歳まで13年間、月2万円を積み立て、年平均利回り3％で運用した場合、受け取る資金は381万円だ（積立金312万円・運用益69万円）。

こうした対策で理恵さんの生涯年金総額はどうなるか。90歳まで生きると仮定すると、本来の1950万円から増額後には2793万円まで、843万円アップする。

最後に卓さんが亡くなった後にも触れる。会社員の夫が死亡すると夫の老齢基礎年金はなくなる。妻は「遺族厚生年金」を受給し、額は夫の老齢厚生年金の75％。夫婦で厚生年金加入なら夫の遺族厚生年金と妻の老齢厚生年金の差額だ。収入は卓さんのほうが高く、理恵さんは年103・1万円を終身受け取る。

会社員＆専業主婦

年金繰り下げを最も生かす

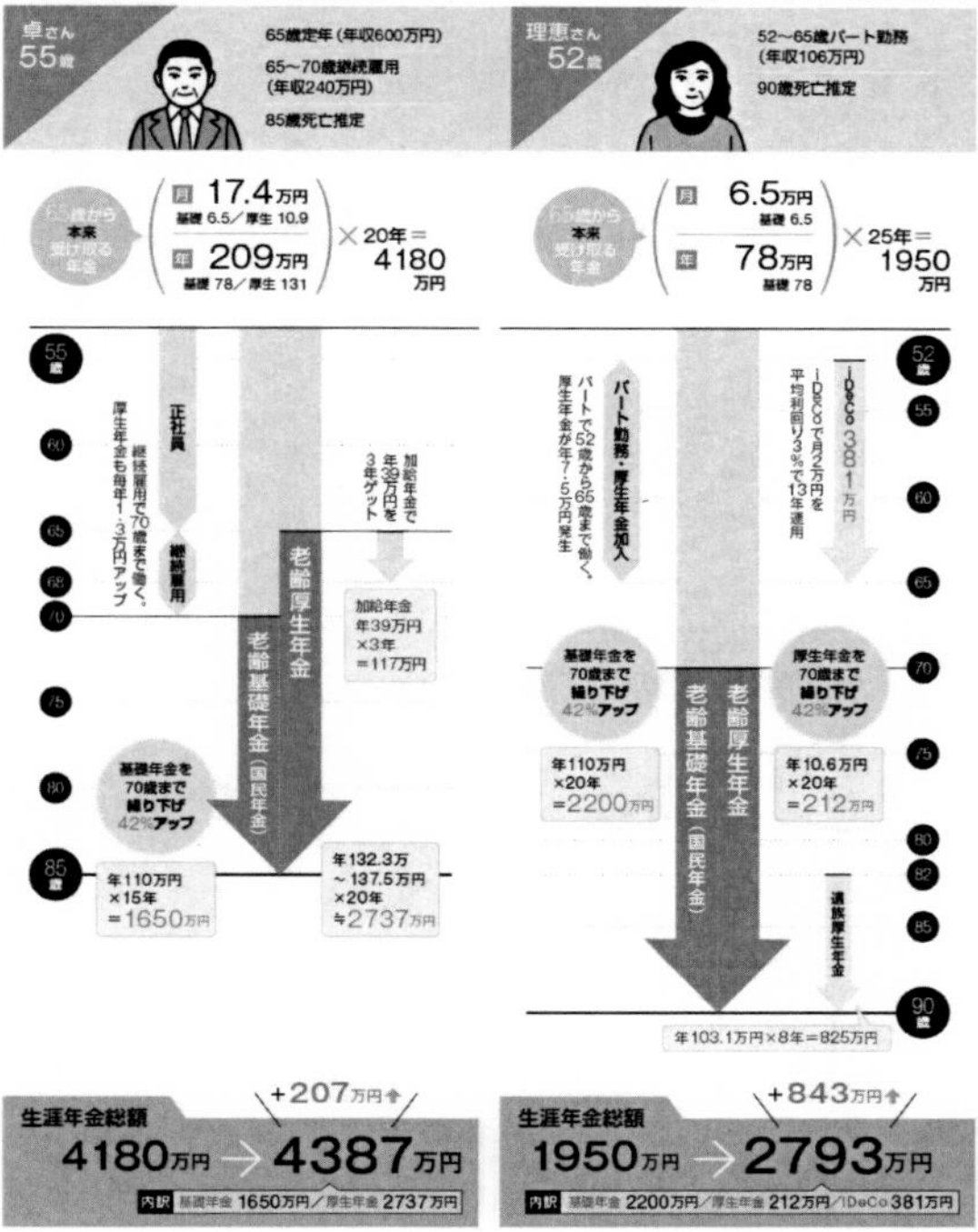

卓さん 55歳
65歳定年（年収600万円）
65〜70歳継続雇用（年収240万円）
85歳死亡推定
理恵さん 52歳
52〜65歳パート勤務（年収106万円）
90歳死亡推定
65歳から本来受け取る年金
月 17.4万円 基礎 6.5／厚生 10.9
年 209万円 基礎 78／厚生 131
×20年＝4180万円
月 6.5万円 基礎 6.5
年 78万円 基礎 78
×25年＝1950万円
正社員
継続雇用
継続雇用で70歳まで働く。厚生年金も毎年1.3万円アップ
加給年金で年39万円を3年ゲット
加給年金 年39万円 ×3年 ＝117万円
老齢厚生年金
老齢基礎年金（国民年金）
基礎年金を70歳まで繰り下げ 42％アップ
年110万円 ×15年 ＝1650万円
年132.3万〜137.5万円 ×20年 ≒2737万円
パート勤務・厚生年金加入
パートで52歳から65歳まで働く。厚生年金が年7.5万円発生
iDeCo 381万円
iDeCoで月2万円を平均利回り3％で13年運用
基礎年金を70歳まで繰り下げ 42％アップ
年110万円 ×20年 ＝2200万円
厚生年金を70歳まで繰り下げ 42％アップ
年10.6万円 ×20年 ＝212万円
遺族厚生年金
年103.1万円×8年＝825万円
生涯年金総額
4180万円 → 4387万円 ＋207万円
内訳 基礎年金 1650万円／厚生年金 2737万円
生涯年金総額
1950万円 → 2793万円 ＋843万円
内訳 基礎年金 2200万円／厚生年金 212万円／iDeCo 381万円

【自営業夫婦】国民年金にとにかく上乗せを

会社員ではない、自営業夫婦の世帯はどうなるか。

俊彦さん（56）は自営業者として自分の店を切り盛りしており、老齢基礎年金（国民年金）だけに加入している。妻の里美さん（58）は自営業の夫を長年支えて働き、同様に国民年金に加入。世帯の年収は1000万円だ。

現状、夫婦で受け取ることができる年金は国民年金で、俊彦さんが「年78万円（月6・5万円）」、里美さんが「年68万円（月5・7万円）」。里美さんには過去に5年間の未納期間があるため、夫より受け取る額が少ない。

自営業者やフリーランスが加入できるのは国民年金のみ。年収の多い少ないにかかわらず、たとえ満額であっても、年78万円、月6・5万円しか、受け取ることができない。残念ながら会社員や公務員などが入る厚生年金と同じような手厚い制度はない。

そこで俊彦さんが年金を増やす方法で取ったのは「繰り下げ受給」だ。自営業で定年はないため、70歳で引退するまで働くことにする。国民年金の受給を70歳開始まで繰り下げても問題ないだろう。繰り下げで42％増額されると、年110万円（月9万円）となる。

しかし、国民年金だけでは、老後の生活には心もとない。iDeCoへの加入を検討するが、運用期間や手数料を考慮し、見送った。そこでiDeCoのような年金ではないが、運用益が非課税で20年の長期運用ができる、「つみたてNISA（少額投資非課税制度）」を活用したい。

つみたてNISA（ニーサ）なら投資信託でも運用できる。56歳から76歳まで20年間、月3万円を積み立てて、年平均利回り3％で運用したとすると、985万円の資金を得ることが可能だ（積立金720万円・運用益265万円）。

こうした対策によって、俊彦さんが85歳まで生きると仮定すれば、生涯年金総額は、1560万円から増額後に2635万円へ、1075万円ものアップだ。

任意加入や付加年金も

続いて妻の里美さんの年金を増やす方法を試してみよう。

まずは国民年金の5年間の未納があるため、60歳から65歳まで国民年金に「任意加入」。任意加入とは、60歳以降でも納付期間が40年未満だと、国民年金に加入できる制度だ。未納期間が短くなれば、受給できる年金も増える。ここでは5年間任意加入することで、増える年金は年9・7万円だ。

加えて「付加年金」を利用してみる。付加年金制度は保険料を上乗せして納めると、将来受け取る国民年金を増やせる制度。自営業者など第1号被保険者なら利用できる（国民年金基金制度に加入している場合はできない）。

里美さんが58歳から65歳まで、月400円の付加保険料を納付すると、7年目には年1・7万円の付加年金が終身で上乗せ。ちなみに付加年金も繰り下げ受給の増額の対象である。

そうして、任意加入や付加年金を加えたうえで、国民年金の受給を「繰り下げ」。夫の70歳開始よりさらに遅く、上限の75歳開始まで繰り下げる。すると国民年金と付加年金を合わせて84％増額され年147万円だ。本来と比べると倍以上にも増やせる。

さらに国民年金以外にも、俊彦さんと同じ条件で「つみたてNISA」を20年間、月3万円積み立て。年平均利回り3％で運用できると985万円の資金を持てる。

こうした対策によって、里美さんが90歳まで生きると仮定すれば、生涯年金総額は、1700万円から増額後には3190万円へと、倍近くの1490万円もアップすることになる。

気をつけておくべきは、自営業者の夫が亡くなると、世帯全体の年金は大きく減るということ。自営業者で厚生年金には加入していないため、妻は「遺族厚生年金」を受給できない。国民年金から「死亡一時金」として、12万〜32万円を1度だけ受給するか、または「寡婦年金」かの選択になる。

寡婦年金は夫が亡くなった際、妻の年齢が60〜65歳で18歳未満の子がいなければ、その間のみ受給できるもの。額は夫の老齢基礎年金（第1号被保険者期間）の75％。いずれにせよ自営業夫婦は早くからの備えが肝心だ。

自営業夫婦

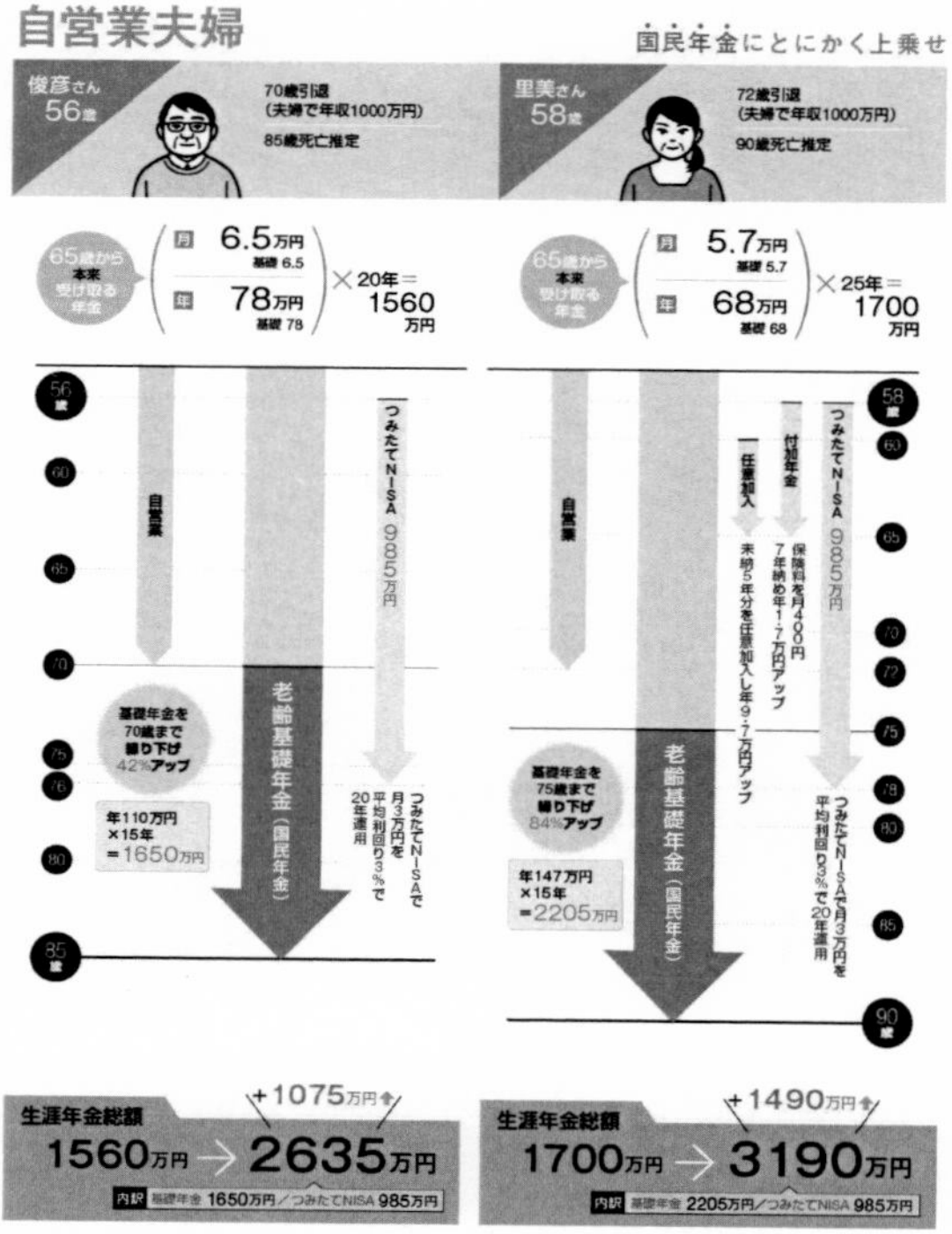
国民年金にとにかく上乗せ
俊彦さん 56歳
70歳引退
(夫婦で年収1000万円)
85歳死亡推定
65歳から本来受け取る年金
月 6.5万円 基礎 6.5
年 78万円 基礎 78
×20年＝1560万円
自営業
つみたてNISA 985万円
老齢基礎年金（国民年金）
基礎年金を70歳まで繰り下げ 42%アップ
年110万円 ×15年 ＝1650万円
つみたてNISAで月3万円を平均利回り3％で20年運用
生涯年金総額
1560万円 → 2635万円
+1075万円
内訳 基礎年金 1650万円／つみたてNISA 985万円
里美さん 58歳
72歳引退
(夫婦で年収1000万円)
90歳死亡推定
65歳から本来受け取る年金
月 5.7万円 基礎 5.7
年 68万円 基礎 68
×25年＝1700万円
自営業
任意加入
未納5年分を任意加入し年9.7万円アップ
付加年金
保険料を月400円7年納め年1.7万円アップ
つみたてNISA 985万円
老齢基礎年金（国民年金）
基礎年金を75歳まで繰り下げ 84%アップ
年147万円 ×15年 ＝2205万円
つみたてNISAで月3万円を平均利回り3％で20年運用
生涯年金総額
1700万円 → 3190万円
+1490万円
内訳 基礎年金 2205万円／つみたてNISA 985万円

【共働きディンクス】高年収からの反動減に要対策

今や夫婦ともに働くのが多数派。ここでは共働きのディンクスを取り上げる。

広則さん（50）とほの香さん（50）は、同い年で、別の会社に正社員として勤める共働きの夫婦。年収はそれぞれ600万円、500万円だ。子はいないため、収入の多くを自分に使える。

現状では、このまま65歳まで働いてもらえる年金は、広則さんが「年209万円（月17・4万円）」、ほの香さんが「年188万円（月15・7万円）」である。ミドルとして経済的には安定しているほうだが、生活水準も高く、今から備えるに越したことはない。

そのため広則さんは、65歳から70歳まで5年間、継続雇用で会社勤めを続ける。収入を得るため、老齢基礎年金を70歳に「繰り下げ受給」しても、影響は少ない。

5年間の繰り下げで、本来の年78万円から42%増額され、年110万円（月9万円）となる。

「継続雇用」後の年収を240万円（月収20万円）とすると、老齢厚生年金は毎年1・3万円ずつ上積みされていく。5年目には年137・5万円（月11・5万円）になる。この金額なら在職老齢年金の支給停止にはならない。

ただそれだけでは安心できない。50歳から65歳までの15年、「iDeCo」に加入してみる。月2万円を積み立てて、年平均利回り3%で運用できれば、資金は454万円になる（積立金360万円、運用益94万円）。公的年金等控除を利用し、iDeCoを一時金でなく年金形式で受け取ると、65歳から70歳まで5年間かけて、年90万円ずつもらう計算だ。

これらの対策の結果、広則さんが85歳まで生きると仮定すると、生涯年金総額は4180万円から4841万円に増えて、661万円のアップだ。

続いて妻であるほの香さんの年金も増やすよう計算してみる。

夫婦の年収が影響する

現在は正社員だが、定年後は65歳から70歳まで5年間、パートとして勤務し、「厚生年金に加入」し続ける。働くペースを落とし、年収は120万円（月収10万円）。これで毎年7000円ずつ、老齢厚生年金が増える。会社員時代も含めてパートが終わる5年目からは年113・5万円（月9万円）に増加。夫と同様に65歳から受け取ることにする。

一方、老齢基礎年金は夫と同様に、70歳に「繰り下げ」。本来の年78万円から42％増額で、年110万円（月9万円）だ。

さらには、50歳から65歳までの15年間、「iDeCo」に加入。月2万円を積み立て、年平均利回り3％で運用すれば、454万円の資金ができる（積立金360万円、運用益94万円）。

これらの対策の結果、ほの香さんが90歳まで生きると仮定すると、生涯年金総額は本来の4700万円から5485万円となり、785万円のアップである。1人分の絶対額でこれだけあれば、不足することはないのではないか。

共働きの世帯でも注意しておきたいのは、夫のほうが先に亡くなった後のことだ。2人とも会社員で働き厚生年金に加入していると、遺された妻が受け取る年金は、自分自身の老齢厚生年金と夫からの「遺族厚生年金」になる。

ほの香さんの場合、遺族厚生年は次の3つのうち、最も多い額をもらえる。①亡くなった夫の老齢厚生年金の75％で104万円、②妻の老齢厚生年金である113・5万円、③夫の老齢厚生年金の50％と妻の老齢厚生年金の50％の合計で125・5万円。ここでは③が当てはまる。

夫の年収が妻より高ければ、遺族厚生年金を受け取れる可能性が高い。ただし夫の老齢基礎年金や企業年金はない。夫の死亡時、妻の年収が850万円以上あると、十分な生計を維持できるとされ、遺族厚生年金を受給できない。

このように共働き夫婦は年収が高い分、何もしないと、老後は世帯全体で、最大半分程度は収入が落ち込んでしまうおそれがある。生活費がその分、半分になるわけではない。老後は年金も含め、なるべく夫の収入で生活し、妻の収入分はキープしておくとより安心だ。夫の資産から優先的に使っていけば、妻が自分の相続を減らせる可能性もあるだろう。

共働きディンクス

高年収からの反動減に対策

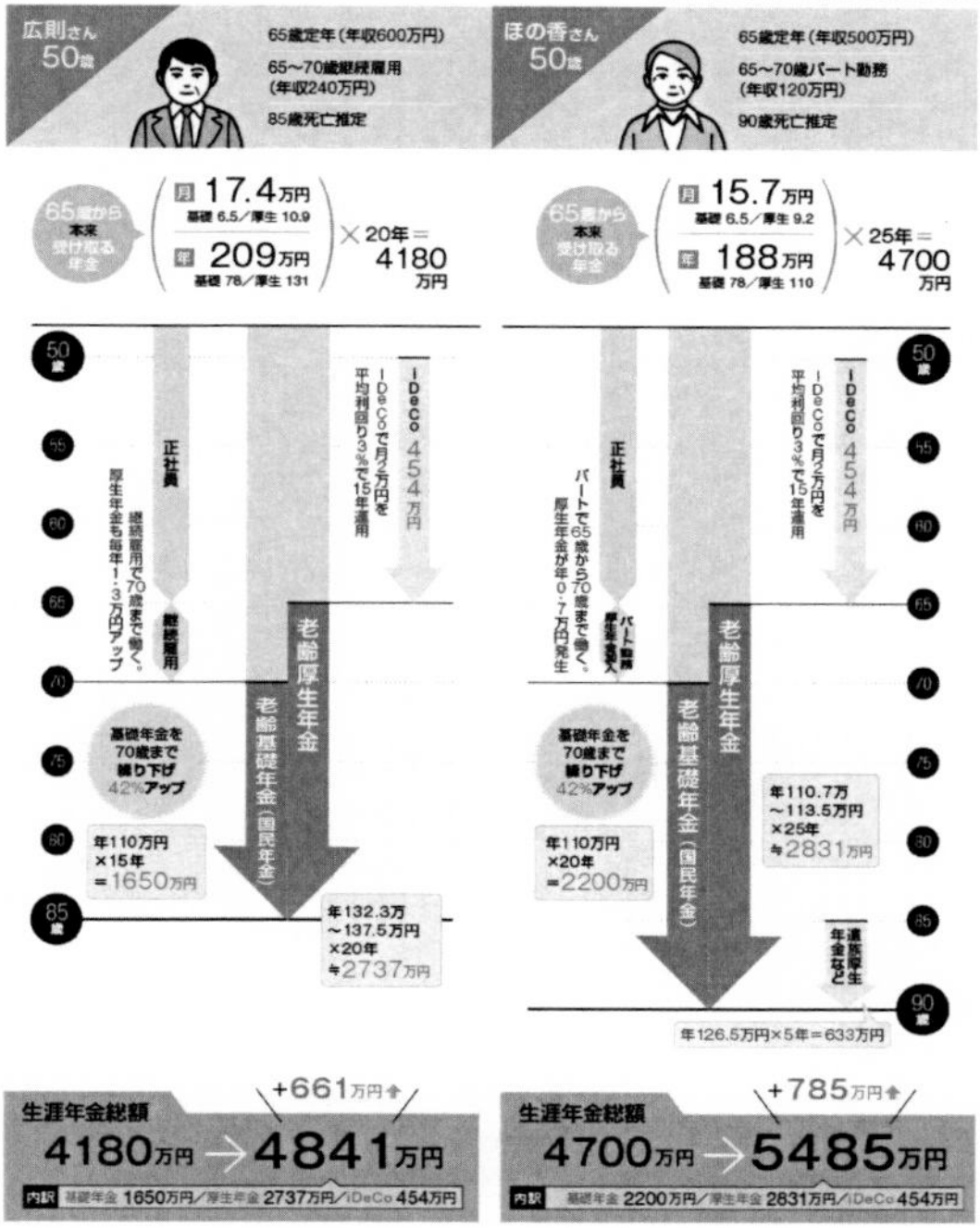
広則さん 50歳
65歳定年（年収600万円）
65〜70歳継続雇用（年収240万円）
85歳死亡推定
65歳から本来受け取る年金
月 17.4万円 基礎 6.5／厚生 10.9
年 209万円 基礎 78／厚生 131
×20年＝4180万円
正社員
継続雇用
継続雇用で70歳まで働く。厚生年金も毎年1.3万円アップ
iDeCo 454万円
iDeCoで月2万円を平均利回り3％で15年運用
老齢厚生年金
老齢基礎年金（国民年金）
基礎年金を70歳まで繰り下げ 42%アップ
年110万円 ×15年 ＝1650万円
年132.3万〜137.5万円 ×20年 ≒2737万円
生涯年金総額
4180万円 → 4841万円
+661万円
内訳 基礎年金 1650万円／厚生年金 2737万円／iDeCo 454万円
ほの香さん 50歳
65歳定年（年収500万円）
65〜70歳パート勤務（年収120万円）
90歳死亡推定
65歳から本来受け取る年金
月 15.7万円 基礎 6.5／厚生 9.2
年 188万円 基礎 78／厚生 110
×25年＝4700万円
正社員
パート勤務 厚生年金加入
パートで65歳から70歳まで働く。厚生年金が年0.7万円発生
iDeCo 454万円
iDeCoで月2万円を平均利回り3％で15年運用
老齢厚生年金
老齢基礎年金（国民年金）
基礎年金を70歳まで繰り下げ 42%アップ
年110万円 ×20年 ＝2200万円
年110.7万〜113.5万円 ×25年 ≒2831万円
遺族厚生年金など
年126.5万円×5年＝633万円
生涯年金総額
4700万円 → 5485万円
+785万円
内訳 基礎年金 2200万円／厚生年金 2831万円／iDeCo 454万円

【シングル・フリーランス】おひとりさまが打つ手立て

最後に近年とみに増えている、シングル（独身）かつフリーランス（個人事業主）に、焦点を当ててみたい。

誠さん（45）は独身、いわゆる〝おひとりさま〟だ。フリーランスとしていわゆるギグワーカー（単発労働者）のプログラマーとして働いている。年収は500万円。フリーランスとして働くのは55歳までで、その後は65歳まで体力的に無理のない仕事を探し、アルバイトをするつもりである。

現状、誠さんが受け取ることのできる年金は、これまで述べてきた自営業者などと同じ、老齢基礎年金（国民年金）のみ。満額までもらったとしても、年78万円（月6・5万円）と余裕はない。

そこでアルバイトの勤務で年収300万円（月収25万円）を稼ぎ、国民年金だけでなく、55歳からは新たに「厚生年金にも加入」。老齢厚生年金が年17万円もらえるようになる。そのうえで国民年金、老齢厚生年金ともに、ダブルで70歳から「繰り下げ受給」を開始すればいいのだ。

結果として、国民年金は42％増額で年110万円（月9万円）、また老齢厚生年金も42％増えて年22万円（月1・8万円）。ちなみに繰り下げ受給の対象となるのは、65歳時点で受け取れる年金で、65歳以降に働いて増える厚生年金は対象とならない。

iDeCoなどフル動員

フリーランスにとって、もっと年金に上乗せするため、積極的に活用したいのは、iDeCoとつみたてNISAだ。

「iDeCo」は働き方によって積み立てられる掛け金がかなり違ってくる。フリーランスが拠出できる掛け金は最大で月6・8万円（年81・6万円）。厚生年金がない分、会社員や公務員より上限が高く設定されている。参考までに会社員の掛け金は、月1・2万円から2・3万円だ。

誠さんは45歳から65歳までの20年間iDeCoに加入。月2万円を積み立て、年平均利回り3%で運用すると、資金は656・7万円になる(積立金480万円、運用益176・7万円)。

さらに余力があれば「つみたてNISA」も使いたい。誠さんはつみたてNISAも45歳から65歳までの20年間、月2万円を積み立て、年平均利回り3%で運用すると、資金は656・7万円。iDeCoとつみたてNISA、合わせて1300万円以上もの資金をつくることができる。

こうした対策を取ることで、誠さんは85歳まで生きると仮定すると、生涯年金総額は、1560万円から増額後には3293万円へ、1733万円もアップする見込みだ。あくまで計算上だが、本来の倍以上と、効果は最も高い。

今後、誠さんのような単身世帯は、増える一方と思われる。2020年の国勢調査によると、単身世帯が世帯全体の38・1%を占めた。50歳までに一度も結婚しない人の割合を示す「50歳時未婚率」は、男性で25・7%、女性で16・4%と過去最高を記録した。

未婚シングル世帯の場合、子の教育費や住宅ローンなどを含め、相対的に大きな支出は少ない。だが、国の制度や企業の福利厚生は、結婚や育児を前提に考えられているものも多く、その意味では損をしている。長期的な視点に立って普段から〝自己防衛〟をしておく必要があるだろう。

退職金や厚生年金のある公務員夫婦や共働きの会社員夫婦は、老後が低リスク。一方で国民年金しかない自営業夫婦は高リスクといえる。それぞれに応じた準備をしてほしい。

シングル・フリーランス

おひとりさまが打つ手立て

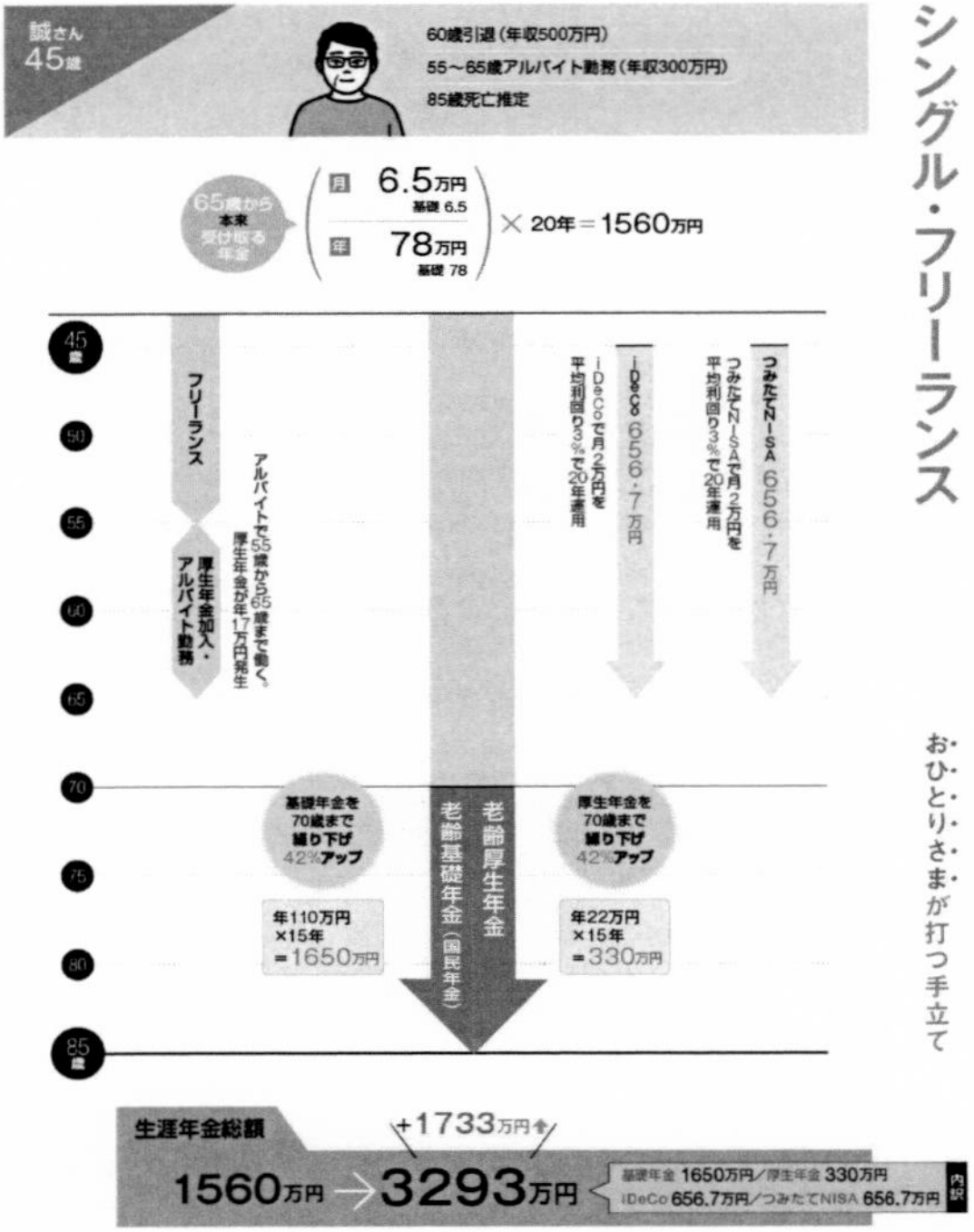
誠さん
45歳
60歳引退（年収500万円）
55〜65歳アルバイト勤務（年収300万円）
85歳死亡推定
65歳から本来受け取る年金
月 6.5万円 基礎 6.5
年 78万円 基礎 78
× 20年＝1560万円
45歳
50
55
60
65
70
75
80
85歳
フリーランス
厚生年金加入・アルバイト勤務
アルバイトで55歳から65歳まで働く。厚生年金が年17万円発生
老齢厚生年金
老齢基礎年金（国民年金）
iDeCo 656.7万円
iDeCoで月2万円を平均利回り3％で20年運用
つみたてNISA 656.7万円
つみたてNISAで月2万円を平均利回り3％で20年運用
基礎年金を70歳まで繰り下げ 42％アップ
年110万円
×15年
＝1650万円
厚生年金を70歳まで繰り下げ 42％アップ
年22万円
×15年
＝330万円
生涯年金総額
1560万円 → 3293万円
+1733万円
内訳
基礎年金 1650万円／厚生年金 330万円
iDeCo 656.7万円／つみたてNISA 656.7万円

〔オピニオン〕「少子高齢化論」にあおられてはいけない

年金は破綻しない

経済コラムニスト・大江英樹

公的年金の将来不安という話題になるといつも必ず出てくるのが、「少子高齢化が進むことで年金制度は維持できない」という論だ。よく唱えられるのは以下のような説明である。

「日本はこれからもますます少子高齢化が進む。かつては多くの現役世代でお年寄りを支える『おみこし型』だったが、今は3人で1人を支える『騎馬戦型』、さらに将来は1人で1人を支える『肩車型』に確実に変化していく。今のままでは将来世代はこの負担に耐えられない」――。

この話は実に説得力があるように思える。なぜなら少子高齢化はよく知られている事実なので、ロジックに納得性が高いからである。少なくない人が、少子高齢化が進むから年金制度は持たない、という印象を持っていよう。

では実際の数字はどうか。65歳以上（高齢者と称する）1人に対し、65歳未満（現役と称する）が何人いるかを調べた結果だ。1970年には高齢者1人に対し現役は13・1人だったから、確かにおみこし型といってよい。直近の2020年を見ると、1人に2・6人なので、騎馬戦型の表現も正しい。20年後の40年には、1人で1・8人だから、肩車型に近いといえる。

この数字だけを見ると、誰もが「やはり年金の将来は明るくないし、制度が持つわけはない」という印象を受ける。だがここで思考停止するのでなく、もう少し深く考えてみるとどうなるだろう。

65歳以上か65歳未満かと年齢で区切っただけの数字で見ることはあまり意味がない。年金のような社会保険制度は現役で働いている人が保険料を負担する。年を取っていても働いていれば保険料を負担するし、逆に働いていなければ若くても保険料を払えない。

正しくは、働いている人が働いていない人を支える割合はどれぐらいか、と考えるべきだ。1人の就業者（働いている人）が何人の非就業者（働いていない人）を支えているかを見ることが重要なのである。そういう目線で調べてみると違う風景が見えてくる。

筆者はこの事実を6年前、権丈善一・慶応大学教授の著書『ちょっと気になる社会保障』で知り、まさに目からうろこの思いだった。権丈先生が作成した図を基に、筆者も自分で調べた数字を使って作ったのが次図だ。

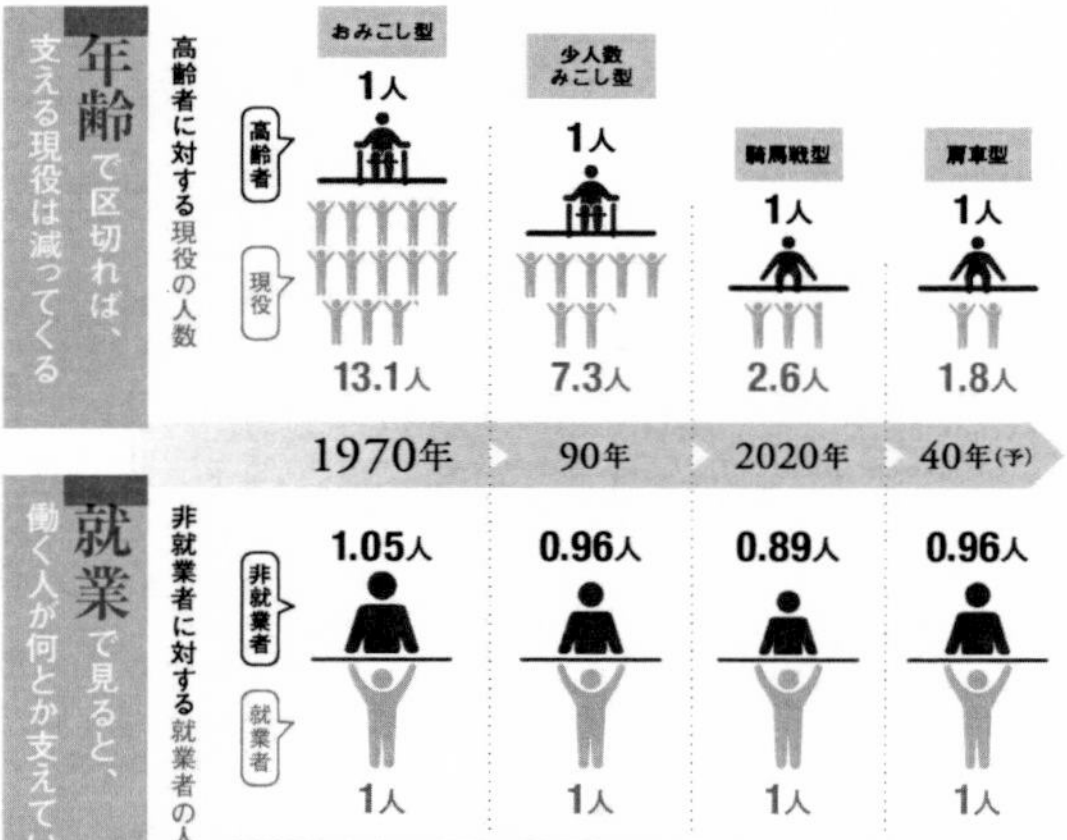

(注)高齢者は65歳以上、現役は65歳未満を指す。2040年の人口予測は将来推計人口(17年)、40年の就業者数予測は労働力需給モデル(18年度)に基づく
(出所)総務省統計局、国立社会保障・人口問題研究所、労働政策研究・研修機構の資料を基に筆者作成

重要なのは就業者の数

2020年では就業者1人が非就業者0・89人を支えている。約30年前の90年には1人で0・96人、ほぼ半世紀前の70年には1人で1・05人。一方、少子高齢化がピークを迎えるとされる20年後の40年を見ても、1人で0・96人なので、ほとんど同じ。つまり、「何人の働いている人が何人の働いていない人を支えているか」という観点では、今も昔も、そして今後もほとんど変わらない。

わかりやすくするために、おみこし型といわれる70年と比べてみたい。企業によって制度は異なるが、当時は55歳定年が一般的だった。法律で60歳未満の定年を禁止したのは、98年に施行された「改正高年齢者雇用安定法」である。70年の平均寿命は男性が69歳で、定年後の余生は14年ぐらいだったため、定年後は働かずにのんびり暮らしたものだった。

ところが現状で定年は60~65歳という企業が多い。かつ男性の平均寿命は81歳程度だから、定年後の余生は昔に比べて大きく延びている。多くの企業では

60歳定年後も継続雇用などで働き続けている人が増えているのだ。

『高齢社会白書』（内閣府）によれば、20年、60〜64歳で働いている男性の割合は約71％、65〜69歳で49・6％、70〜74歳でも32・5％である。労働力人口は大きく変わり、70年に65歳以上が占めた比率は4・5％だったが、今や13・4％と3倍近く拡大した。昔と同じ年齢でも働く高齢者ははるかに増え、高齢者の数は伸びてはいるものの、多くが〝支える側〟に回っているということだ。この流れはおそらく今後も続く。

現に21年4月からは70歳までの就労機会の提供が企業に対して努力義務とされた。平均寿命の伸長を考えると、65歳定年、さらに70歳まで働くのは、当たり前という時代になりつつある。

働く女性の数が増えたのも著しい特徴だ。今から40年ほど前の80年当時では、専業主婦の家庭が1114万世帯だったのが、20年には571万世帯へと半減。反対に共働き家庭は614万世帯から1240万世帯へ倍増した。働く人、つまり保険料を負担する人が増加したことで、バランスは50年前からあまり変わっていない。

したがって単に年齢だけで区切って、「おみこし」だの「肩車」だのといっても、あまり意味がない。年齢だけで区切った場合、70年と現在で、支える人数の割合は5分の1に減っている。しかし、当時と比べ、年金受給額が5分の1に減っているということはない。

もちろん少子高齢化は今後も進む。この現実は社会全体で考えると、経済成長や生産性向上からは悩ましい話だ。年金制度も今後、何があっても盤石というわけではなく、社会状況に応じて変えていくことは必要だろう。事実、日本が高齢化社会に突入した70年から今までの半世紀、年金についても時代に合わせて制度の変更は都度行われている。年金の実態が大きく変わらずに済んでいる理由の1つがここにある。

そして今回の年金改正においても、支え手を増やすという視点は、間違いなく取り入れられた。

「在職老齢年金の見直し」や「在職定時改定の導入」で働く高齢者は従来以上に増える。「厚生年金の適用拡大」も、パートや嘱託など社会保険の給付の薄い人たちに、大きなメリットが生じる。

強いてデメリットを挙げるなら、企業経営者かもしれない。なぜなら厚生年金の適用拡大によって、企業の負担する社会保険料が増えるからだ。とはいえ社会保険料は、従業員の将来の幸せを考えれば、経営者として負担すべきなのは当然。結果として、老後の生活について安心して働ける環境が整えられることは、企業にとってもプラスになるに違いない。

年金は国の一般会計とは別の特別会計になっており、年金積立金も約190兆円ある（19年度末）。「少子高齢化で年金が破綻する」という、ステレオタイプな思い込みではなく、事実を正しく見ること。多くの人が支え合うという社会保険の本質を間違えないことが何よりも大切である。

大江英樹（おおえ・ひでき）
1952年生まれ。大手証券で企業年金のコンサルティングに従事。2012年オフィス・リベルタス設立。著書に『知らないと損する年金の真実』『定年前、しなくていい5つのこと』。

公的年金だけに頼るのはちょっと不安

iDeCo、NISAの極意

フィナンシャル・ウィズダム代表　ファイナンシャルプランナー・山崎俊輔

公的年金は長生きリスクに備える重要な生活の糧だ。ただ漫然と受け取るのでなく、節税や運用で賢く増やしたいところ。老後をにらみ、今から取り組めば、決して遅くない。ここでは年金を増やす有力な手段である、ｉＤｅＣｏ（個人型確定拠出年金）とＮＩＳＡ（少額投資非課税制度）について、解説する。

運用や税制でメリットがある

iDeCoとNISAの制度概要

	iDeCo	つみたてNISA	一般NISA
運用期間	65歳になるまで	20年間（最長）	5年間（最長）
受給期間	60〜75歳	いつでも可能	いつでも可能
投資額	月1.2万〜6.8万円 （年14.4万〜81.6万円）	年40万円 （上限）	年120万円 （上限）
対象商品	定期預金・投信・保険	長期投資に適した投信	株・投信・ETF・REITなど
税制優遇	掛け金、運用益、受取金	運用益	運用益

（注）2022年5月以降　（出所）各種資料を基に東洋経済作成

iDeCo編

「iDeCo（イデコ）」は個人型確定拠出年金の愛称だ。2001年からスタートし当初は自営業者や企業年金のない会社員向けだった。17年に公務員や専業主婦、企業年金のある会社員などに対象が拡大してから、飛躍的に成長。21年3月末では約194万人が加入している。

企業が運営する企業年金とは異なり、iDeCoは個人で自由な選択・加入が可能だ。年金だから受給は原則60歳以降である。掛け金は月5000円から出せるが、働き方によって限度額が異なるので、注意したい。

企業年金のある会社員は掛け金の上限が月1・2万円、企業年金のない会社員や専業主婦は月2・3万円、自営業者は月6・8万円となる。自営業者の上限が高いのは、基礎年金のみで厚生年金がなく、老後の資金に自助努力が望まれているからだ。

何といっても魅力は、掛け金が全額所得控除になること。掛け金が月2・3万円（年27・6万円）なら、税率20％とすれば、年5・5万円ほど税を軽くする。実質負担が80％なため、単年度で25％の運用収益を確保したに等しい。会社員にとって節税できる貴重な手段は、現状、住宅ローン減税とiDeCoくらいしかない。

加えて利子・配当・売却益などの運用益も非課税になるうえ、受け取るときにも年金や一時金で優遇税制がある。①掛け金、②運用益、③年金や一時金などの受取金、と3段階で、全額非課税あるいはごく少額の納税で済む。

iDeCoの場合、毎月掛け金を引き落として積み立てる。国の制度だが、金融機関がiDeCoを提供しており、口座管理手数料や商品のラインナップで競い合う。積極的に取り組むのはオンライン証券会社やネット銀行だ。

夫婦でダブルiDeCo

2022年ですでに20年を超えたiDeCoは、今年、主に3つの改正が予定されている。

まず1つ目はこの5月から、65歳になるまで積み立てが可能になることだ。今までは60歳になるまでしか積み立てできず、65歳まで継続雇用で働く実態とはギャップが生じていた。60歳以降も公的年金に加入し保険料を納付していれば、iDeCoも65歳になるまで積み立てられる。

例えば、掛け金が年27・6万円なら、5年で元本は138万円になるうえ、27・6万円分を節税できる。国内旅行なら10回くらい出かけられるかもしれない。

2つ目は4月から、受け取る時期が60~75歳へと広がること。今まで60~70歳だったが、公的年金受給が最長75歳まで繰り下げられることと、歩調を合わせている。遅くもらう選択肢が加わることで運用の自由度は高まる。

その際、5~20年の年金として分割でもらうか、一時金として一括でもらうか、あるいは両者を組み合わせるかは、金融機関の対応する範囲内で選べる。

そして3つ目は10月から、企業型DCとの同時加入の要件が緩和されることである。現在は企業型DCを採用する企業に勤めていると、iDeCoには原則として加入できない(会社側の制度改定が必要)。これが制度改定なしでも加入できるようになる。

ほかに企業年金がなければ、iDeCoの掛け金は上限が月2万円で、企業型DC

と合計で月5・5万円まで出せる。

では、実際に運用する際、何を対象にすればいいのか。対象となる商品は、定期預金や投資信託、生命保険などで、それらを組み合わせることもできる。年金であるiDeCoの特性を利用して基本方針は長期投資。中でも少額で分散投資できる投信は運用の中核となりうる。

運用益が非課税というメリットは無視できない。投信で年5%の期待リターンを確保できても、金融所得課税にあたる1%分を引かれるのはもったいない。

毎月の積立額は比較的小さいので、節税や運用のメリットをより追求したいなら、夫婦で2口座、つまりダブル・iDeCoで投資することも可能である。

公的年金と同様に老後、何歳で受け取るか、iDeCoは出口戦略が重要だ。

■ iDeCoと公的年金をどう組み合わせるか?

―iDeCoの受け取り方―

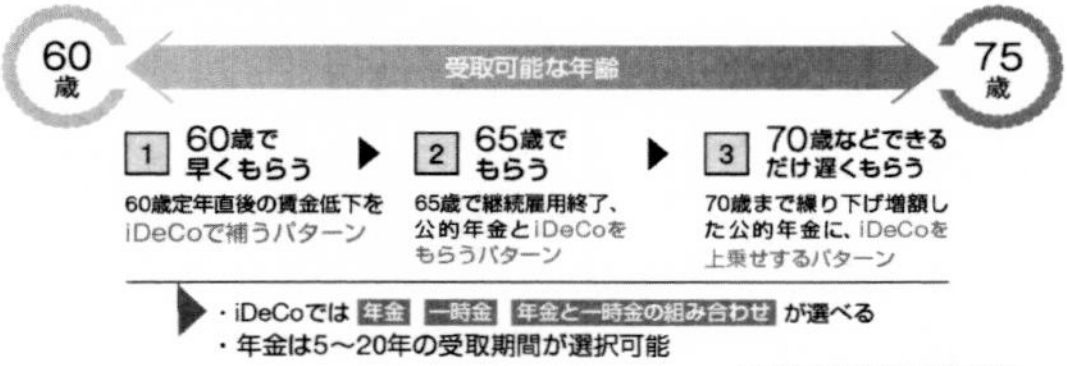
60歳
受取可能な年齢
75歳
1 60歳で早くもらう
60歳定年直後の賃金低下をiDeCoで補うパターン
2 65歳でもらう
65歳で継続雇用終了、公的年金とiDeCoをもらうパターン
3 70歳などできるだけ遅くもらう
70歳まで繰り下げ増額した公的年金に、iDeCoを上乗せするパターン
・iDeCoでは 年金 一時金 年金と一時金の組み合わせ が選べる
・年金は5～20年の受取期間が選択可能

(出所)筆者資料を基に東洋経済作成

遅くもらう選択は、現役時代が長期化する中、70歳までは受け取らず、晩年の資金の厚みを増す方法。完全リタイアまで働いた後、繰り下げ受給で増額された公的年金に加え、iDeCoを上乗せする。アクティブな老後の出費を支えてくれるに違いない。

反対に早くもらう選択もある。60歳の定年直後で収入がガクンと下がり、蓄えも大してないなら、公的年金までのつなぎとしてiDeCoで補うやり方だ。

iDeCo活用の妙味は60~75歳の間でいつ受け取るかの工夫にある。本業の収入や公的年金とのブリッジを意識し、受け取り方を考えてみるといいだろう。

NISA編

少額投資非課税制度として導入されたのがNISAである。

2003年以降議論されてきた譲渡益課税軽減措置を受け、14年に「一般NISA」、18年には「つみたてNISA」がスタートした。利用口座数は21年3月末で一般NISAが1225万口座、つみたてNISAが361万口座に達している。

ＮＩＳＡは一定の範囲で投資した場合、運用益を非課税とする仕組みだ。運用収益にかかる２０・３１５％の金融所得課税がかからない。１人１口座を開設でき、一般ＮＩＳＡ、つみたてＮＩＳＡのいずれかを選択。通常は同じＮＩＳＡを自動継続していく。

一般ＮＩＳＡとつみたてＮＩＳＡの違いは、掛け金の上限（一般ＮＩＳＡが年１２０万円、つみたてＮＩＳＡが年４０万円）や、運用期間（同最長５年、最長２０年）である。投資対象は一般ＮＩＳＡが株や投信を広く購入できる一方、つみたてＮＩＳＡは金融庁の定める長期投資向きの要件をクリアした投信に限られる。

ただ金融機関で取り扱う商品数は違う。銀行経由で口座を作ると、系列運用会社の提供する投信に縛られる。他方、ネット証券には、つみたてＮＩＳＡの認定商品がすべて扱い可能なところもある。

今後の大きな改正は２０２４年だ。とくに一般ＮＩＳＡについては、積立投資枠としての２０万円と自由に投資可能な１０２万円という、２階建ての「新ＮＩＳＡ」に変更される。１階部分で投信などの積立投資を行わないと、２階部分で個別株などの投資ができない。新ＮＩＳＡで積み立てた後、つみたてＮＩＳＡへも移せる。

基本は売却しないこと

では現状で一般NISAとつみたてNISAのどちらを選べばいいか。一般NISAは、年120万円の投資枠が魅力だが、運用期間は最長5年。片やつみたてNISAは、年40万円と枠が小さいが、最長20年運用できる。

ハイペースで資産形成をしたいなら、一般NISAにして掛け金を年120万円、5年で最大600万円を目指そう。満期後は証券総合口座で保有してもいい。

実は一般NISAのほうでも、つみたてNISA用の手堅い投信を購入できる。アクティブに個別株で勝負したければ、一般NISAも活用するしかない。

一方、つみたてNISAの活用として大きいのは、「初めての投資を月数万円から積み立てたい」というニーズだろう。最長20年かけられるつみたてNISAはちょうどいい受け皿である。

もし、つみたてNISAを中心に考えるなら、基本的には長期積立分散投資の戦略を採るのが第一義だ。値上がりしてもできる限り保有して、売却は避けること。短期的な市場下落で含み損を抱えても、長期でマーケットの回復を待つ。非課税のうちは基本として持ち切り、効果の最大化を図る。

また20年もの投資期間も生かしてほしい。年40万円の掛け金で20年分は、累計元本で800万円に当たる。800万円の元手は小さくなく、たとえ50代で開始しても、70代まで続ければ、十分な資産になるに違いない。

受け取る時期が自由なのはNISAのメリットだ。iDeCoは老後に限定されるが、NISAはいつでも解約自由。その代わりに一度売ったら非課税でなくなることを覚悟しなければならない。

一般NISAは新NISAへ変更されるが、制度の恒久化を目指す取り組みは続く。老後の資産形成で前向きに捉えてほしい。

山崎俊輔（やまさき・しゅんすけ）
1972年生まれ。中央大学法学部卒業。企業年金研究所やFP総研を経て2001年独立。全国紙などで連載。著書に『普通の会社員でもできる日本版FIRE超入門』など。

改正で月2万円の掛け金拠出も可能に

企業年金にiDeCoを上乗せする

りそな銀行　年金業務部年金信託室・出口　衛

会社員の年金といえば、やはり企業年金を抜きには語れない。

企業年金には「確定給付企業年金」(DB)と「確定拠出年金」(DC)の大きく2つがある。両制度ともに、労使合意の下、企業が運営している。いずれも事業主が掛け金を拠出するのが原則だ。

DBは会社員が退職し、年金の受給開始年齢に達したときの〝給付額〟について、あらかじめ決めておくもの。一方のDCは会社員が就業している期間、掛け金の〝拠出額〟を決めておくものである。すでに受け取る額が確定しているDBに対して、DCは運用次第で受け取る額が上にも下にも変動しうる。

企業側、中でも中小企業にとって、運用利回りが約束した目標に届かなければ穴埋めしなければならないDBのほうが、より負担は大きい。

加入者数（2021年3月末）を比べると、DBは933万人で、企業型DCは750万人。確定給付から確定拠出に移行する企業が増え、DBはここ数年頭打ちだが、企業型DCは毎年伸び続けている。合わせた規模は1600万人超と無視できない。

ここで関係してくるのが、個人で掛け金を拠出する、iDeCo（個人型確定拠出年金）の存在だ。

月2万円でも違う

現状では原則、60歳未満の国民年金の被保険者であれば、iDeCo加入は可能（22年5月から65歳未満）。ただ、企業年金の加入者がiDeCoにも同時加入するには、制約がある。企業型DCには、規約でiDeCoとの併用を認める定めのあることが必要で、かつ事業主の掛け金を下げなければならない。

そうしたことから、これまでは企業型ＤＣの加入者がｉＤｅＣｏに加入したくてもできなかった。これが今回改正で２２年１０月から制約なしでも入れるようになるのだ。

併用するなら、企業年金の種類や事業主の掛け金に応じて、拠出の限度額が違ってくる。では、５０歳の企業年金加入者がｉＤｅＣｏに入る場合、個人で毎月いくら掛け金を積み増せるのか。結果として積立金はいくらになるのか。さまざまなケースを追って試算してみた。

会社員はiDeCoの掛け金を増やせる

―50歳の企業年金加入者が iDeCoにも入るケース―	毎月の掛け金の限度額			60歳時点の積立金	
	現状	2022年 10月～	24年 12月～	利回り ゼロ	利回り 3%
企業型確定拠出年金（DC）加入者	0円	2万円	2万円	240万円	252万円
確定給付企業年金（DB）加入者	1万2000円	1万2000円	2万円	219万円	230万円
DC・DB加入者	0円	1万2000円	2万円	219万円	230万円

（注）DCは規約で「iDeCoとの併用可」と定められていない場合。2022年10月以降の毎月の掛け金の限度額は、加入中のDC・DBの事業主掛け金の大きさによっては満額を拠出できない場合もある
（出所）りそな銀行年金業務部りそな年金研究所

例えば、現在、企業型ＤＣのみに加入しているケース。これが１０月から、ｉＤｅＣｏとの合算で月５・５万円まで掛け金を拠出でき、うちｉＤｅＣｏは上限が月２万円まで出せるようになる。

さらに２４年１２月からＤＢの加入者は、ｉＤｅＣｏの掛け金の上限について、今の月１・２万円から月２万円まで引き上げられる見込みだ。

一見少額に見えるようだが、毎月積み立てるインパクトは、決して小さくない。ｉＤｅＣｏによって６０歳まで１０年、月２万円を拠出し続けると、積立金は２４０万円。仮に年利回り３％で運用できるとすれば、２５２万円まで増やせる計算になる。

公的年金だけではどうしても不安に感じる老後。企業年金に個人年金を少しでも上乗せし、できるだけ余裕のある老後を送っていただきたい。

出口　衛（でぐち・まもる）
１９６５年生まれ。大阪大学卒業。８９年大和銀行（現りそな銀行）入行。年金部門で企業年金分野の業務を担当。とくに年金規約に関する業務経験が長い。

年金は長期分散投資をせよ

つみたてNISAで選ぶ投資信託

楽天証券経済研究所　ファンドアナリスト・篠田尚子

年金をただ寝かせるだけでなく投資信託などで賢く増やしたい——。いざ老後を迎えてこう考えるシニアは少なくない。

金融庁によると、つみたてＮＩＳＡ（少額投資非課税制度）の利用口座数は、２０２１年９月末で４７２万口座を突破。直近１年間で約１・７倍増えた。長寿化による老後不安だけでなく、コロナ禍を機に、自分のマネープランに向き合う人が増えたのも大きい。

つみたてＮＩＳＡは積み立て投資が前提で、年４０万円（月３・３万円）を上限に投信を購入、積み立てる。最長２０年で上限８００万円と長期利用できる利点がある。

対象商品は、金融庁の定めた要件を満たす投信に限られ、株は対象外だ。商品の選びやすさと非課税のメリットから手がけやすい。

しかも金融庁に認定されるのは、長期・積み立て・分散投資に適する商品で、主に株を組み入れた投信である。毎月の積立額が少額のため、1本で完結する「オールインワン」のファンドのほうが管理しやすい。大きく分けると、幅広い銘柄の株を網羅した「インデックス型」と、株や債券など複数の資産に投資する「バランス型」だ。

インデックス型・バランス型で重要なのはリスク分散

■主なつみたてNISA向け投信の純資産総額ランキング

型	順位	カテゴリー	運用会社	ファンド名	設定日(年月日)	純資産総額(百万円)	基準価額(円)	実質信託報酬率(%)	平均リターン(%) 1年	3年	5年
インデックス型	1	S&P500	三菱UFJ国際投信	eMAXIS Slim 米国株式(S&P500)	2018. 7. 3	1,165,062	19,683	0.10	30.0	87.7	−
	2	全米株式	楽天投信投資顧問	楽天・全米株式インデックス・ファンド	17. 9.29	555,098	20,413	0.16	25.6	83.8	−
	3	全世界株式	三菱UFJ国際投信	eMAXIS Slim 全世界株式(オール・カントリー)	18.10.31	492,385	17,283	0.11	20.5	65.7	−
	4	先進国株式	ニッセイアセットマネジメント	ニッセイ外国株式インデックスファンド	13.12.10	400,441	27,166	0.10	25.4	74.6	104.0
	5	先進国株式	三菱UFJ国際投信	eMAXIS Slim 先進国株式インデックス	17. 2.27	329,796	20,551	0.10	25.6	74.8	104.5
	6	全世界株式	楽天投信投資顧問	楽天・全世界株式インデックス・ファンド	17. 9.29	172,992	16,866	0.21	18.8	63.7	−
	7	全世界株式	三菱UFJ国際投信	eMAXIS Slim 全世界株式(除く日本)	18. 3.19	134,777	17,461	0.11	21.7	68.0	−
	8	新興国株式	三菱UFJ国際投信	eMAXIS Slim 新興国株式インデックス	17. 7.31	82,840	12,899	0.19	▲1.9	28.3	−
	9	TOPIX	三菱UFJ国際投信	eMAXIS Slim 国内株式(TOPIX)	17. 2.27	48,411	14,109	0.15	1.8	30.7	43.3
	10	NYダウ	大和アセットマネジメント	iFree NYダウ・インデックス	16. 9. 8	35,954	25,183	0.25	19.4	58.4	101.5
	11	日経225	大和アセットマネジメント	iFree 日経225インデックス	16. 9. 8	31,320	18,165	0.15	▲3.1	38.4	61.0
	12	新興国株式	SBIアセットマネジメント	SBI・新興国株式インデックス・ファンド	17.12. 6	14,154	12,699	0.18	1.1	30.2	−
	13	先進国株式	SBIアセットマネジメント	SBI・先進国株式インデックス・ファンド	18. 1.12	10,216	16,095	0.10	20.2	65.1	−
バランス型	1	−	三菱UFJ国際投信	eMAXIS Slim バランス(8資産均等型)	17. 5. 9	141,978	13,767	0.15	8.1	27.1	−
	2	−	ニッセイアセットマネジメント	ニッセイ・インデックスバランスファンド(4資産均等型)	15. 8.27	19,870	14,493	0.15	6.9	28.2	39.6
	3	−	三菱UFJ国際投信	eMAXIS 最適化バランス(マイミッドフィルダー)	16. 3.30	7,542	14,565	0.55	7.8	26.2	37.5
	4	−	三菱UFJ国際投信	eMAXIS 最適化バランス(マイストライカー)	16. 3.30	7,236	17,857	0.55	8.9	41.9	57.5
	5	−	三菱UFJ国際投信	eMAXIS 最適化バランス(マイフォワード)	16. 3.30	4,655	16,385	0.55	10.7	35.9	50.7
	6	−	三菱UFJ国際投信	eMAXIS 最適化バランス(マイゴールキーパー)	16. 3.30	3,818	11,738	0.55	3.0	11.5	17.6
	7	−	三菱UFJ国際投信	eMAXIS 最適化バランス(マイディフェンダー)	16. 3.30	2,844	13,172	0.55	5.6	19.5	28.1
	8	−	ニッセイアセットマネジメント	ニッセイ・インデックスバランスファンド(6資産均等型)	17.10.13	1,387	13,828	0.17	10.6	30.3	−
	9	−	東京海上アセットマネジメント	東京海上ターゲット・イヤー・ファンド2035	19. 9.20	849	12,792	0.31	8.0	−	−
	10	−	アセットマネジメントOne	たわらノーロード 最適化バランス(安定成長型)	18. 1.24	831	11,560	0.55	1.9	13.2	−
	11	−	東京海上アセットマネジメント	東京海上ターゲット・イヤー・ファンド2065	19. 9.20	556	13,225	0.31	9.2	−	−
	12	−	東京海上アセットマネジメント	東京海上ターゲット・イヤー・ファンド2045	19. 9.20	449	12,900	0.31	8.3	−	−
	13	−	東京海上アセットマネジメント	東京海上ターゲット・イヤー・ファンド2055	19. 9.20	297	13,084	0.31	8.6	−	−
	14	−	アセットマネジメントOne	たわらノーロード 最適化バランス(積極型)	18. 1.24	226	13,312	0.55	9.5	30.8	−
	15	−	アセットマネジメントOne	たわらノーロード 最適化バランス(成長型)	18. 1.24	92	12,470	0.55	5.8	22.3	−
	16	−	アセットマネジメントOne	たわらノーロード 最適化バランス(安定型)	18. 1.24	79	11,024	0.55	▲0.2	8.1	−
	17	−	アセットマネジメントOne	たわらノーロード 最適化バランス(保守型)	18. 1.24	38	10,062	0.55	▲2.8	▲0.6	−

S&P連動で人気

全世界に広く投資

8資産まとめコスト減

最適化し減らさない

(注)2022年3月末時点。純資産総額と基準価額は月次ベース、実質信託報酬率は税込み。▲はマイナス　(出所)楽天証券経済研究所のデータを基に東洋経済作成

インデックス型投信とは、特定の指数に連動した運用成果を目指す投信を指す。利点はコストを抑えながら市場全体に満遍なく投資できる点だ。近年長く上昇してきた米S&P500指数に連動するタイプが人気だが、リスク分散でより広い地域を網羅した「全世界株式型」に注目したい。

極端な話、全世界株式型の1本をひたすら積み立て続けても、問題はない。より広い地域を網羅し、長期的な世界経済成長の恩恵が期待できるので、10年単位が前提のつみたてNISAと相性もよい。

金融庁が認定商品とする中には、日経平均株価やTOPIX（東証株価指数）など、なじみ深い日本株の指数に連動したタイプも含まれる。網羅的に国内株市場に投資できる点で、国内株のインデックス型を選ぶことは否定しない。

が、人口減が不可避な日本に対し、今後米国のような経済成長を期待するのは難しく、国内市場全体に投資するのは得策でない。日本株なら、通常の口座で投資妙味ある個別企業の株に直接投資するか、プロのファンドマネジャーが投資先を選別するアクティブ型の投信を選ぶほうがよいだろう。

インデックス型で同じ指数に連動する商品なら、保有期間にかかる信託報酬の金額が低いほうを選ぶのが鉄則だ。後述するバランス型投信ほど、個性がなく差別化できる要素が少ないため、信託報酬を判断基準にして構わない。

一方、バランス型投信とは、株だけでなく債券やREIT（不動産投信）など、複数の資産を組み入れた投信のこと。長期投資では、短期的に30〜40％の下落に見舞われ、回復に年単位でかかることもある。相場に肝を冷やしたくないならバランス型が望ましい。

長期投資前提とはいえ、20年のうちに積み立てた資金を取り崩す際も、値動きの緩やかなバランス型はお薦めだ。株のみに投資するのと比べ、期待できるリターンは抑えられるが、いざ資金が必要になったとき、元本が大きく目減りするリスクを軽減できる。

つみたてNISAの対象となっているバランス型の投信には大きく分けて2種類ある。

1つはファンドの名称に〝資産均等型〟とあるタイプ。株や債券、不動産など、複数の資産を均等配分で組み入れる。人気なのは、新興国を含む内外の株、債券、不動産など8資産を12・5%ずつ組み入れた「8資産均等型」だ。各資産の代表的指数に連動するインデックス型投信を8本束ね、運用コストを抑える点が特徴である。

もう1つは市場環境で資産配分を機動的に変動させるタイプ。〝最適化〟がファンド名に含まれ、複数シリーズでの展開が多い。運用資産を大きく増やすより減らさないことに主眼を置く点が特徴だ。あらかじめリスク水準を定めて運用し、成績こそ地味だが元本の大幅毀損を避けられる。

表では主なつみたてNISA向けの投信を掲載した。いずれも堅調なリターンを上げたものが多い。リスク分散も心がけながら、老後の年金を賢く運用してほしい。

【週刊東洋経済】

篠田尚子（しのだ・しょうこ）
慶応大学法学部卒業。国内銀行やロイタージャパンを経て、リッパーで市場分析担当。2013年楽天証券経済研究所入社。著書に『本当にお金が増える投資信託は、この10本です。』

本書は、東洋経済新報社『週刊東洋経済』2022年4月23日号より抜粋、加筆修正のうえ制作しています。この記事が完全収録された底本をはじめ、雑誌バックナンバーは小社ホームページからもお求めいただけます。

小社では、『週刊東洋経済 eビジネス新書』シリーズをはじめ、このほかにも多数の電子書籍ラインナップをそろえております。ぜひストアにて「東洋経済」で検索してみてください。

『週刊東洋経済 eビジネス新書』シリーズ

No.391 相続の新常識
No.392 無敵の文章術
No.393 物流 頂上決戦
No.394 すごいベンチャー2021〔前編〕
No.395 すごいベンチャー2021〔後編〕

No.396　米国株　超入門
No.397　ビジネスと人権
No.398　無敵の話し方
No.399　EV　産業革命
No.400　実家のしまい方
No.401　みずほ　解けない呪縛
No.402　私大トップ校　次の戦略
No.403　ニッポン再生　7つの論点
No.404　マンション管理
No.405　学び直しの「近現代史」
No.406　電池　世界争奪戦
No.407　定年格差　シニアの働き方
No.408　今を語る16の視点　2022
No.409　狙われる富裕層

No.410　ライフシフト超入門
No.411　企業価値の新常識
No.412　暗号資産&NFT
No.413　ゼネコン激動期
No.414　病院サバイバル
No.415　生保　最新事情
No.416　M&Aマフィア
No.417　工場が消える
No.418　経済超入門　2022
No.419　東証　沈没
No.420　テクノロジーの未来地図

週刊東洋経済eビジネス新書 No.421
年金の新常識

【本誌（底本）】
編集局　大野和幸
デザイン　池田　梢、小林由依
進行管理　下村　恵
発行日　2022年4月23日

【電子版】
編集制作　塚田由紀夫、長谷川　隆
デザイン　大村善久
制作協力　丸井工文社
発行日　2023年4月13日　Ver.1

発行所　〒103-8345
東京都中央区日本橋本石町1-2-1
東洋経済新報社
電話　東洋経済カスタマーセンター
03（6386）1040
https://toyokeizai.net/
発行人　田北浩章

電子書籍化に際しては、仕様上の都合などにより適宜編集を加えています。登場人物に関する情報、価格、為替レートなどは、特に記載のない限り底本編集当時のものです。一部の漢字を簡易慣用字体やかなで表記している場合があります。本書は縦書きでレイアウトしています。ご覧になる機種により表示に差が生じることがあります。

※本刊行物は、電子書籍版に基づいてプリントオンデマンド版として作成されたものです。